優良企業の経営者は知っている！
不正と闘うための
身近な
3原則

米国公認会計士/公認内部監査人
打田　昌行

アメージング出版

はじめに

巨大企業の経営者、幹部が揃って頭を下げる、あのお決まりのシーン、誰もがきっと飽き飽きしているのではないでしょうか？　まるで誰かが決めたような作法に則り、一斉に頭を下げる経営陣と待ち構える報道陣によるフラッシュの嵐。もしかすると、こうしている間にも同じような報道が、また流れているかもしれません。

企業の会計にまつわる不正は、世界中のどこかで起きています。本書の表紙でご案内した通り、その件数は、「未摘発や未報告の数は誰にも分からず」、「世界全体の総損失額は４兆ドルと推定」できます（「2018 年度版　職業上の不正と濫用に関する国民への報告書」公認不正検査士協会から抜粋）。

あくまで推定とはいえ、４兆ドルといえば、歳出ベースで米国の国家予算に匹敵し、わが国の来年度一般会計予算の４年分に当たります、改めてその巨大さに唖然としませんか？　これが、われわれ人類の呆れた現実です。

しかしこうした不正も突然、巨人のように私たちの前に立ちはだかるわけではありません。初めは小さな不正の芽ですが、その芽が成長する「機会」を前もって排除できず、見逃してしまうところから企業の不幸は始まっています。その時に身近な不正を妨げるための工夫や術さえ知っていれば…。

実は、優良企業の経営者は、それを知っています。優良企業といっても大企業とは限りません。みなさんが暮らす街の中、営々と事業を行っている、上場と縁もない中堅、中小企業の中にも、優良企業はたくさん存在しています。

不正と闘う身近な術をわかり易く語り、これ以上の呆れた歴史を繰り返さないため、微力ではありながら本書を著したつもりです。みなさん最後までお付き合いください。

もくじ

序章

3原則が社員を護る

大企業にも中小企業にも規模の大小に関係なく、不正は突然、それも容赦なく襲ってきます。こう言うと自分の会社は大丈夫か、少し不安になりませんか？

そこでみなさん、突然ですが質問です。不正が起きやすい「ツボ」を見抜き、未然に防ぐには、難しい会計知識や、経理の専門書が分からなければいけないと思っていませんか？　もしそう思っているとしたら、大きな誤解です。不正の「ツボ」を見抜き、未然に防ぐために、経理の知識は要りません。不正の「ツボ」を見つけ、防止のための原則さえ学び取れば、経理の知識がなくても不正と十二分に闘えます。実は優良企業の経営者は、こうしたことをよく知ったうえで、日頃からその原則を実践しているのです。

そもそも不正は人災であり、一定の条件や環境が整った時に起こり易くなるということが、長年の研究や経験知としてわかっています。ならば、あらかじめ条件なり環境が整わぬように、先回りして予防注射を施すことができるはずです。にもかかわらず、不正の起きやすい「ツボ」を放置し、その芽が伸びてゆくことを見過ごし、対策を施さないままにしておけば、当然のように不正が襲いかかってきます。

これは見方をかえれば、手当を怠ることで、会社にとってかけがいのない財産ともいえる社員を、経営者がみすみす不正の「ツボ」に陥れているといっても過言ではありません。

ひとたび不正が起きれば、不正を起こした本人はもとより会社も多大な損害を被ります。不正を未然に防ぐには、不正の「ツボ」に先回りして、予防注射による徹底した対策を施しておかねばなりません。そうすることで、会社にとってかけがいのない、大切な社員を不正の魔の手から護ることができるのです。

不正が発覚すると、会社の経営層が「(不正を起こした)彼／彼女のことをずっと信頼して、日頃から何事も任せてきたにも関わらず、裏切られた思いだ」という恨みや後悔の言葉を思わず漏らすことがあります。しかし、よくよく考えてみて下さい。そもそも、単にお互いの信頼感に頼るだけで、不正を防止し、撲滅できると思いますか？人類の歴史を振り返ってみましょう、個人の相互信頼によって不正が根絶されたことが、かつてあったでしょうか？

もちろん個人として人を信頼することは大切です。しかし、不正と闘うために必要なことは、人への信頼でもなく、会計の難しい理論でもない、まして難解な法律の知識でもありません。しっかりした仕組みを使って、不正を行なう「機会」そのものをなくしてしまうこと、学習や教育を通して不正と向き合う人の意識を醸成すること、そして不正の「機会」をなくすための仕組みが、実際に意図した通りに、はたらいているかどうか点検すること。この3原則こそ不正と闘い、大切な社員を不正から護るために最も有効な術であると考えています。

本書では、これらの3原則をどのように適用し、実行するのか、その方法を理解してもらうため、原則ごとにたくさんの具体例を用意しました。優良企業の経営者なら、当たり前のように実践する3原則を使い、少しでもみなさんの会社の大切な社員を不正から護ることに尽力できれば、深甚の喜びに堪えません。

＜原則その1＞相互牽制で不正の「機会」を取り除く

仕事上の権限や業務を分担することによって、お互いを牽制する効果を生み出します。お互いを牽制し、双方の仕事を監視し合うことで、個人が不正に走ろうとする「機会」をあらかじめ、取り除きます。そもそも不正を起こす「機会」さえなければ、人は不正の誘惑に身を委ねることはしません。もちろんそのために仕事上の権限や業務をむやみに分担するわけではありません。それは不正が起きやすい「ツボ」にあたるところに限ります。

身近な例を挙げましょう。お店のレジでお客さんから代金を受け取る店員と後で現金と領収記録を照合する店長が、それぞれ仕事を分担しているのはなぜですか？　また社内で切手収入印紙を払い出す担当者と払い出しを記録する担当者をわざわざ分けているのはなぜですか？　それは、不正の起きやすい「ツボ」があるからに他なりません。これらの仕事を一人で行えば、よほど効率的だと思いませんか？　にもかかわらず、店の売上代金、切手や収入印紙が盗まれないように、あえて仕事を分け、お互いを牽制させて、不正が起きる「機会」を取り除いているのです。

☞ 第一章から第五章で詳しく解説します

＜原則その2＞不正の経験を共有して学習する

人類の歴史のなかで、不正が無くなったためしはありません。だからといって不正に立ち向かい、大切な社員を不正の魔の手から護る努力が無意味であるとは、決して言えません。残念ながら起きてしまった不正は、事実として受け入れ、その経験や学ぶべき教訓を共有すべきです。不正から学んだ経験を社内で共有することが再発を防ぐ最良の近道です。しかし不正や不祥事を社内で共有せず、一部の経営層がひた隠しにすれば、やがて憶測を呼び、社内を不安に陥れてしまうことでしょう。いやそれどころか、逆に社員から見限られ、大切な人財を失うことにもなりかねません。不正の苦い経験を隠すことは、会社にとり何の得にもなりません。社内で不正の経験を共有できたら、次に学習することが必要です。なにをしてはいけないのか、なにをすべきなのか、そして不正が起きたらどのように対処すべきなのか。不正と向き合う人の意識を醸成させる共有と学習の方法を学ばなければなりません。

第六章で詳しく解説します

〈原則その３〉 社員を不正から護る仕組みを点検する

〈原則その１〉で作り上げた仕組みを通じて、大切な社員を不正から護る効果が実際に挙がっているかどうか定期的に点検します。これこそ、みなさんの身近で行われている内部監査や外部から入ってくる会計士や税理士による監査の仕事です。みなさんは、内部監査や外部の専門家による監査を、不正や誤りを見つけるためだけの、あら探しのように思っていませんか？

言い方はさておき、それも目的のひとつに数えられることは確かです。しかし最も大切なことは、不正や誤りを防ぐ仕組みがあるか、仕組みに不足はないか、あるいは仕組み自体が適切にはたらいているかどうかを点検することに他なりません。その結果、不正や誤りが見つかることがあるかもしれません。しかし、あら探しを本来の目的とするものではないことをわかってほしいと思います。

さらにこうした点検を定期的に繰り返すことは、実際に不正を企てようとする悪しき者に心理的な脅威を与え、悪事を踏みとどまらせることにも貢献しています。こうした牽制の機能についても触れたいと思います。

第七章で詳しく解説します

＜原則その1＞相互牽制で不正の「機会」を取り除く

仕事上の権限や業務を分担させ、お互いを牽制し、双方の仕事を監視し合うことで、個人が不正に走ろうとする「機会」を取り除きます。しかし、仕事上の権限や業務をむやみに分担するわけではありません。それは不正が起きやすい「ツボ」にあたるところに限ります。第一章から第五章まで様々なケースを取扱い、相互牽制の効果的なはたらきを紹介します。

第一章

経理の知識はなくとも不正と闘える

性善説、性悪説どちらも正しくない！？

経理の知識がなくても、十二分に不正と闘える。無論、経理の知識が十分でない方へのお世辞でも、本書を読んでもらうためのキャッチフレーズでもありません。闘うために求められることは、実は別のところにあります。

1．性善説でもなく、性悪説でもなく…

私がかつて10年以上勤務した会社に向かう途中、横断歩道のある狭い道路がありました。一方通行の路地で、大通りに合流するところに信号機を備えていました。交通量が少ないうえに大人の歩幅で、10歩もあれば横断できる道幅であるため、朝急ぐ時などは、交通ルールを守ることが、ついおろそかにもなりがちな路地でした。

しかし、毎日の通勤途中、この信号機を無視して歩道を横断する違反者を見たことが一度もありません。それはなぜでしょう？　それは横断歩道の前に駐在所があり、常に警官が横断歩道の前に立っていたからです。みなさんもこれによく似た経験をお持ちではありませんか？　他者に見張られていれば、決して交通ルールを無視しようとは思いませんが、急いでいて、誰も見ていないとわかれば、横断歩道を横断してしまおうとする誘惑が心の中に芽生えるでしょう。交通ルールは当然守るべきものであることを知りながら、周囲を取り巻く環境が変わることで、心に変化が芽生えます。

こうしてみると、人は常に善行を行うものではなく、また常に悪事をはたらくものでもありません。周囲の環境によって善にも悪にも振れる社会的な存在で、性善説でも性悪説でも割り切れるものではありません。私たちが、これから向き合うべき相手は、心の闇を持ったやっかいな人間という存在です。その行動パターンは、周囲の環境、置かれた社会的立場によって、まるで猫の目のようにかわります。

2. やっかいな心の闇と闘う

性善説にも性悪説にも立たない人間の歴史のなか、未だに不正が絶えたことはありません。これが人類の歴史の惨憺であり、残念ながら人は過ちを犯しやすい存在です。

それでは翻って、常に不正は起こり得るという厳しい現実認識に立つとすれば、私たちはいかにして不正に対抗すべきでしょうか？常に横断歩道の前に警察官を立たせて、歩行者を見張らせ、不正を予防しますか？　あるいは手当たり次第、社内で監査を実施して悪事を徹底的に摘発しますか？

常に横断歩道に警察官を立たせ、市民を監視する管理社会がいかにナンセンスであるか、言うまでもありません。人工衛星を飛ばして宇宙から人の悪事を観察する映画の世界と現世は異なります。それでは手当たり次第、社内で監査を実施して、あらゆる悪事を摘発しますか？　はじめから相手を疑ってかかり、悪事を企んでいるなと言わんばかり、詮索にも似た行為が、不正の防止に直接つながるものとは、とても思えません。監査をこうした悪事の摘発目的や詮索行為の具に用いては、決していけません。第七章で詳しく検討しますが、監査には不正に対抗するために求められる極めて大切な役割が存在しています。

3．不正に手を染める「機会」を排除する

不正に対抗するためには、監視社会を強化することではありません。まして悪事の摘発を第一の目的に、悪意ある詮索行為を監査と言って実施することでもありません。不正に適切に対抗するには、まず不正に手を染める「機会」をあらかじめ排除することが大切です。疑心暗儀にとらわれ、人を疑い、悪事の摘発を第一の目的とするよりも、不正の「機会」を取り除き、未然に防ぐ牽制と予防の仕組みをしっかりと構築することに心をくだく方がはるかに賢明です。そしてそれこそ、大切な社員を不正から護る近道に他なりません。

こうした牽制と予防の仕組みの構築に、仕事の豊富な経験や洞察力が求められることはあっても、経理の知識が直接に求められることはありません。経理の知識はなくとも、牽制と予防の仕組みづくりによって、十二分に不正と闘うことができるのです。

4．ひまわりの背丈と不正

こうした人間洞察を踏まえ、身近な工夫を使って日常業務に潜む不正の「機会」を

排除し、不正の芽を摘み取ることは、大切な社員を不正から護るだけにとどまりません。一見して結びつかないように思われますが、実はマスコミで報道される巨大な不正を防止することにも繋がっています。

例えば、ひまわりが突然、人の背丈まで成長することはありません、少しずつ伸びて成長します。それは不正も同じことです。不正の芽が芽生えやすい「ツボ」に先回りして、芽が芽生えぬように注意を払うことを怠ると、その芽は少しずつ、少しずつ、気づかぬうちに成長します。それは会社の大小とは無関係、大企業でも中小企業でも同じことです。組織の中でゆっくり、ゆっくりと構造的に症状が進みます。そしてやがては人の背丈以上に成長し、取り返しのつかない状況に到ります。いざその時になり、不正の巨大さに気づいて、慌てたとしても、事態はすでに遅すぎるのです。不正の「ツボ」に気づきながら、芽が伸びぬよう、不正の「機会」を排除する工夫を怠り続けた愚者は、マスコミによる告発のフラッシュを一身に浴び、屈辱の舞台へと引きずり出されるにちがいありません。

こうした事態が現実とならないように、不正の「機会」を排除し、不正の「ツボ」

に芽が芽吹かぬようにする方法を、五章を割いて具体的に紹介します。

不正は直接暴かず、牽制して予防する

1.信頼すべきは人にあらず

私は不正の牽制や防止のために、業務を担当している方々に改善案や提案をすることがよくあります。すると厳しい反対の意見や不満を聞かされることがしばしば起きます。

「あなたは、そもそも我々のことを信頼していない、疑ってばかりいるのではないのか」

「社内では、これまでに不正会計や不正問題が起きたことはない、これ以上の改善など不要だと思うが、なぜ打ち合わせする必要があるのか」、「仕事を分担すれば、余計なことが増えるばかりで、実際の効果が見えない」。こうして現場の風当りは強いですが、私は判で押したように、常に次のように応えています。「もともとみなさんのことを疑ってなどいません。しかし実はその反面で信用もしていないのです。つまり、いま取り組んでいることは、人を信じるとか、信じないという問題ではありません。不正が起きる「機会」を、『仕組み』を用いて排除するには、どうしたらよいかを考えているからです、打ち合わせの目的は、その大切な仕組みをいかに設計するかということです」。

ルールを遵守させるために、警官が常に歩行者を見張るなどということは、非現実的であり得えません。人による監視に依存せず、仕組みによる牽制と防止こそ、効率的で信頼に値すると、思いませんか？　ルール違反や不正が起きることを未然に牽制し、防止する客観的な仕組みづくりこそが、いま求められていることです。

2．仕組みこそ、信頼に値する

例えばどういう仕組みなのか、いくつか例を挙げて考えてみます。

① みなさんの会社で小切手を発行するとき、小切手帳を日常的に管理する担当者と小切手に実際にサインをする権限者を明確に分けていますか？　もし分けていなければ、これからは分けなければなりません。

② 日常業務の小口資金を用立てるために、小口現金の制度を用いている会社で、小口現金の精算を担当する者と現金の支出を現金出納簿に記録する者をきちんと分けていますか？　もし分けていなければ、これからは分けなければいけません。

③ 工場で、原材料を仕入先に発注する担当者は、仕入先が納品してきた材料を検収(数量、品質や規格に誤りがないかどうか確認をする行為)してはいけません。もし同一担当者がこの二つの業務を兼ねているなら、今後は分けなければいけません。

④　商品、製品の実地棚卸（倉庫に実際に保管している商品、製品、原材料などの資産の数量が帳簿の記録と一致するかどうか、物理的に数えて確かめる行為）を行うとき、二人一組になり、一方の者は商品または製品を数え、他方の者は数えた結果を記録するように業務を分担していますか？　もし分けていなければ、これからは分けなければいけません。

・・・これらは一体、なぜでしょうか？
実はこれらはみな不正が起こりやすい、不正の「ツボ」を示しているのです。みなさんは、不用意にこうした「ツボ」に陥ってはいけません。

3．相互牽制による不正の予防

列挙した業務の例は、すべて同一の者が兼務によって行うことが不適切な業務ばかり、つまり同一人物が二つの業務を行うと不正が起きやすくなる業務です。これが不正の「ツボ」で、こうした不正の「ツボ」に不正の芽が芽生えないようにする必要があります。個人を不正行為から守り、遠ざけるには、業務を複数の担当者の間で分担させることが大切です。だからと言って、単に仕事を分けたのでは、冒頭に紹介したように現場の業務をむやみに妨げて、苦情がくるばかりですから注意が必要です。ポイントは、不正の「ツボ」に限って分担を検討することです。

＜小切手帳の保管とサインの権限者＞

同一人物が会社の小切手帳を持ち、自由に振込先を定めて、サインすることがいかに非常識な結果を招くことになるか、言うまでもありません。小切手帳は、常時それを保管する者とサインをする権限者の最低2名で管理します。具体的に言えば、小切手帳は管理担当者が金庫などに施錠して常に管理し、必要な都度取り出して使います。あらかじめ小切手に額面金額を記載しておくことは許されません。その都度、支払いに必要な金額を記載し、サインをする権限者は、支払いの根拠となる請求書などの証憑を確認したうえで、サインをします。

インターネットバンキングが主流となり、小切手の使用頻度は少なくなっているかもしれませんが、依然として小切手を用いた不正が絶えないのが現実です。まず会社の現状を確認してみましょう。多額の不正が起きてからでは遅すぎます。相互に業務を分担することで、お互いを牽制する仕組みを整えておかなければなりません。

さらにいえば、金融機関に登録された会社印はサイン権限者が別に保管しておき、サインとともに小切手に押印することにします。小切手帳を管理する担当者に会社印の管理までまかせてしまってはいけません。なぜかわかりますか？　想像してみてください。

・・・会社印の管理までまかせてしまうと、サイン権限者のサインを偽造して、会社印を押印すれば、現金の支出が可能になってしまうからです。

＜小口現金の精算と記録＞

小口現金とは、一定の小口の現金を総務や経理部門で保管しておき、急な事務用品の購入など必要に応じ、従業員が立て替えた場合に、領収書と引き換えに立て替えた現金を精算することで、仕事上の利便性を図るものです。

こうした小口現金の仕組みを使う会社で、同一の担当者が、領収書に基づいて現金の精算を行う業務と精算した現金を現金出納簿に記録する業務を兼務すると、どのようなことが起きるか想像できますか？　受け取った領収書を偽造し、あるいは私的に支出した領収書を使って精算したうえに、出納簿の記録を偽り、現金を詐取することが容易にできてしまいます。

取り扱う現金は小口なので、詐取できる金額は限られ、僅少かもしれませんが、かえってそれゆえに常習性が備わることにもなりかねません。不正の頻度が増えて慢性化する前に、業務を分担して牽制を導入し、不正に手を染める「機会」をあらかじめ取り除いておくことが大切になります。

＜原材料の注文と検収＞

工場で原材料を調達する資材部門の担当者が、仕入先に発注をします。仕入先から注文した原材料が納品された時、発注した者と同じ担当者が検収も行った方が、業務は正確で効率的に運ぶものと考えがちです。しかし同一人物が発注し、検収も行うと、原材料の一部を着服したうえに、発注や検収の内容を不正に変更することができます。あるいは、極端な場合、取引先と結託して、発注をしていないにも関わらず、あたかも発注と納品があったかのように装い、会社に代金を振り込ませ、その資金を横領することすらできてしまうでしょう。発注を担当した者は発注のみ行い、検収は別の担当者に任せるべきです。

＜実地棚卸と記録＞

実地棚卸は不正を企む悪しき者にとり、在庫の詐取を行う絶好のチャンスかもしれません。実地棚卸では、棚割りごとに保管された商品、製品または原材料を担当者が分担して、実際の在庫を数え、記録シートに記録をします。この時、実在庫を数える業務と記録をする業務を同一の担当者に任せることは避けましょう。同一人物が行うと、意図的に実際と異なる数量を記録して、在庫を詐取することができてしまいます。もちろんその後で帳簿上の数量と実際の数量との比較が行われ、差異があれば原因の分析が行われますが、詐取されて実際の在庫がなければ、いくら原因分析をしても、ないものはないのです。

実在庫を数え、かつ記録することを同一の担当者に任せることは、在庫を数えることに紛れ、詐取を成功させるチャンスを易々と提供する結果となります。これに対して二人一組を編成して一方が数え、他方が記録する役割を担えば、お互いに牽制が働き、会社の大切な資産が不正によって脅かされることを防止することができます。

さらに細かいことを言えば、二人一組の編成を組む時にも、お互いに所属が異なる部門の担当者を配置することが適切です。倉庫業務を担当している2名を同じ組の編成とするのではなく、一方が倉庫業務を担当しているのならば、他方は経理、財務または総務といった他部門の担当者と組ませます。同部門同士ではなく、他部門同士のペアを構成することで、共謀をする可能性をできる限り排除できると考えるためです。

不正の「ツボ」に対して、仕組みによる牽制と防止こそ信頼に値します。ルール違反や不正を牽制し、未然に防止する客観的な仕組みづくりが、いかに大切な社員を不正から護ることに貢献するか、ここに示す限られた事例を見ただけでも、実感できると思います。さていかがでしょうか、こうして不正と闘うための仕組みづくりに、経理の知識が、直接求められると思いますか？　仕組みの設計に求められているのは、経理の知識というよりもむしろ、実務上の豊かな経験と洞察力です。

不正は起きるべくして起きる

同じ営業所に働く社員の横領が露見し、驚き交じりに語る同僚たちが噂をしています。

「まさかあの真面目な人が不正をはたらくなんて！」

「あの人なら、仕事のことはなにを尋ねても答えてくれるから、いろいろな仕事を任されていた」

「いつも周囲より遅くまで残業するほど仕事熱心だった」
「どんなに忙しくても、人に仕事を任すことを極端に嫌い、祭日はもちろん週末でも休まずに出勤することがずいぶんあったらしいよ」
「上司の営業所長も信頼しきっており、彼／彼女に任せっぱなしのところもあったようだ」

ではなぜ、彼／彼女は不正を起こすことになったのでしょうか？

1．こうして不正は起きる

同僚の驚き交じりに語られる噂話のなかに、いろいろな不正の徴候がすでに潜んでいたことに、みなさんはどれだけ気づくことができましたか？
「不正は起きるべくして起きる」、不正が発生する時の要因を分析すると、後述するように、様々な重要な要因が存在することがわかってきます。人類の歴史上、不正が絶えたことはなく、人は過ちを犯しやすい。だからといって牽制や予防の機能が無益であるということにはなりません。もしそうであるならば、犯罪がいつまでたってもなくならないため、刑法は無用の産物であるということと同じことになってしまいます。

2．心の中に芽生えた不正の引き金を引く～「動機」

彼／彼女が会社の資金を横領するという不正を引き起こすに到った引き金は、何であったのか。長年の熱心な勤務によって上司、部下から得た厚い信頼を裏切ってまで、なぜ不正に手を染めたのか。会社の業績不振から課された売上ノルマによるプレッシャーか、借財の返済に窮したか、それとも遊戯資金のためか、昇進が遅いことから会社への復讐であったか、理由は様々推測できます。

こうした内心に芽生える「動機」が常に横領という不正行動に直接結びつくとは限りませんが、ともかくも不正を起こすには何らかの差し迫った理由が存在しています。心の中に芽生える「動機」を推定することは難しいですが、あるとき彼／彼女がこの不正の引き金を心の中で引いたことに間違いありません。

3．不正の「ツボ」は放置され、やろうと思えばいつでもできた～「機会」

或る時、彼／彼女は長年にわたる営業所業務の経験から、会社の資金の横領を思いつきました。マネージャーという立場を使って、小切手の不正利用、小口現金の不正精算、架空の委託営業マンを給与システムに登録して、自分の親族の口座に給与を不正に振り込むことさえできました。営業所長は常に事務所を不在にすることが多く、彼／彼女には全幅の信頼を置いていました。そこには不正を行なう「機会」が何の制限もないまま、放置されていたのです。不正の門の前で、彼／彼女は「一度だけ、一度だけ」と自分に繰り返し言い聞かせました、「これは横領ではなく、一時的に会社から借りるに過ぎない、それもすぐに返すから、一度だけだから…」と。

彼／彼女は、不正の「機会」を用いて、会社の資金に手をつけましたが、一度横領した資金をこっそりと会社に返却し、事なきを得ることができました。しかし秘密裡に、それも易々と横領が成功したことにかえって、新鮮な驚きを感じ、その容易さゆえに、とうとう悪魔の虜になってしまいました。

4. 泥棒にも三分の理～「正当化」

不正をはたらく者にいかなる理由があろうとも、正当化されるはずがありません。それは決して認められない犯罪行為です。しかし彼／彼女にも、身勝手ながら、それなりの不正をはたらく理由が存在しています、つまり泥棒にも三分の理があります。

例えば、次のような三分の理を心の中で展開することでしょう。『長年、会社に仕えた苦労は、報われて当然だ』、『昇進は遅く、昇給もままならなかったのだから、いまになって厚遇されるべきだ』、『会社の資金を横領するのではなく、一時的な借財と何もかわらない』。不正をはたらく者は、自己弁護によって心理的に武装し、実際に感じているうしろめたさを、意識的に麻痺させせます。彼/彼女にとってみれば、自己を納得させるための身勝手な正当化であり、泥棒にも三分の理をつくりあげるのです。

5. こうして不正が起きる条件は整った

かつて米国の犯罪学者D.Rクレッシーが、不正が起きやすくなる3つの条件として、「動機」「機会」「正当化」を挙げたのはあまりにも有名です。しかしこの3つの条件が満たされるだけで、人は不正という闇の世界に易々とその身を委ねるのでしょうか？

不正に着手しようとする者の心理をもう少しつきつめ、本書では、３条件によるモデルに加え、４つ目の条件として「隠ぺいの確信」を挙げてみたいと思います。

①　心の中に芽生えた不正の引き金を引く～「動機」

業績不振回復のために課された売上ノルマのプレッシャー、借財の返済、遊戯資金欲しさ、会社への復讐。こうした「動機」に基づいて、ともかくも彼／彼女は心の中でひそかに横領を思い立ちます。

②　不正の「ツボ」が放置され、やろうと思えばいつでもできた～「機会」

もしやろうと思えば、小切手の不正利用、小口現金の不正精算、加えて架空の委託営業マンを給与システムに従業員として登録し、自分の親族の口座に給与を不正に振り込むことさえできました。こうした不正に手を染める「機会」は、仕組みによってあらかじめ排除されておらず、あとは実行する決断さえあればよかったのです。

③ 泥棒にも三分の理～「正当化」

会社からは今より以上に厚遇されてしかるべきだ。横領などではない、一時的に会社から借りた資金なのだから。当然に返すべきもので、悪意などあろうはずもない。長年にわたり、安い給与に甘んじながらも、何人もの営業所長に仕えてきたのだから。こうして身勝手な自己の「正当化」が出来上がります。

④ 不正を隠し通せるという確信を持つ～「隠ぺいの確信」

個人が不正の「動機」を持ち、不正を許す「機会」が目の前に放置され、利己主義によって自己の行動を「正当化」できても、人はそう易々と不正に手を染めるものではないでしょう。刹那的な着手の場合は別にして、一般的にいえば、不正に着手するには、不正をはたらきながらも自身は常に安全な立場に置かれているという保証がなければならないのではないでしょうか？

不正を実行する決心に到るには、仮に実行に着手したとしても、そう易々とは露見しない、いやそれどころか完全に隠ぺいできるという個人の不可解なまでの自信あるいは確信が必要でしょう。この確信があって初めて、人は悪魔の声を具体的に耳にすることになると考えられます。

こうして不正実行の可能性が高まる時、その背景には少なくとも以上４つの条件が整っていることがわかると思います。見方を変えれば、大切な社員を不正から護るためには、これらの４つの条件を満たさないための努力が求められるということになります。

6. 起きてしまったことを後から考えてみれば…

悪魔の声をきいた彼／彼女によって不幸にも不正は起きました。彼／彼女は「上司の営業所長も信頼しきっており、彼／彼女に任せっぱなしのところ」を利用して、不正に着手しました。不正の手口と現場を決して人に見せぬよう、「いつも周囲より遅くまで残業するほど仕事熱心」でなければなりませんでした。不正を隠し続けるには「どんなに忙しくても、人に仕事を任すことを極端に嫌う」必要があり、そして「祭日はもちろん週末でも休まずに出勤すること」により完全な隠ぺいを企んだのです。起きたことを後から考えてみれば、前述の「」で示したことこそ、不正がすでに起きていたことを示す徴候だったと言えます。

そして、ある日些細な綻びから「隠ぺいの確信」は崩壊し、不正が露見します。周囲の人々が、「まさかあの真面目な人が不正をはたらくなんて！」と驚いたときには、既にもう遅く、ひまわりは人の背丈以上に成長していました。

不正はその期間が長ければ長いほど、それだけ会社に与える損害も深刻で大きなものとなるのです。

不正防止のためのメカニズムⅠ

不正が発生しやすくなる条件として、「機会」、「動機」、「正当化」に加えて「隠ぺいの確信」を挙げました。ではこれらのカードがすべて揃わぬようにするには、日ごろからどのような対応を心がけたらよいと思いますか？　言い換えれば、不正の「ツボ」に芽生える芽を首尾よく摘み取り、大切な社員を不正から護るためには、どうすべきだと思いますか？　まずは「機会」や「動機」を退治することから始めてみましょう。

1．不正が起きやすい「機会」をあらかじめ排除しておく

これまで身近な事例を通じて、不正の「ツボ」に先回りし、不正が発生する「機会」を排除する具体的な方法を業務に沿って紹介してきましたが、こうした手法も含め、他にも様々な「機会」を排除する方法が存在しています。

それらは大きく分けて、自ら不正の「機会」を排除する、他者に「機会」を排除させる、「機会」を含む事業をやめてしまう、最後に「機会」を甘受する、これら４つのアプローチがあります。

①　不正の「機会」を具体的に排除する

第一に、仕組みを用いて不正の「機会」を排除し、不正の芽を摘み取ります。小切手の管理、小口現金の精算、仕入に伴う発注と検収行為の分離、実地棚卸方法の工夫のなかで、示した通り、不正の起きやすい「ツボ」にお互いを牽制し合う手続きを導入し、不正の起きる「機会」そのものを排除します。仕事の流れを変える、手順を変える、分担を分けることで、相互に牽制をさせる。こうした工夫はすべて不正の「機会」を排除し、不正の発生する可能性を低減させることに繋がっています。

②　不正の「機会」を他者に移転して、管理させる

たとえば給与計算は、短期間に大量のデータを誤りなく正確に処理しなければなりません。さらに正確な計算ができたとしても、架空の人物に不正に給与支払いが行われていては、大問題です。不正確な給与計算が起きるおそれや架空従業員への給与支給といった不正の「ツボ」に対して真正面から取り組むために、従業員を新たに雇用するという方法もありますが、それでは単に人件費がかさむだけです。たとえば、社内で直接の対応をとらず、より安価で給与計算の仕事自体を外部業者に委託してしまうという方法も考えられます。つまり不正確な給与計算が行われる、あるいは架空従業員への給与支給といった不正が発生しやすい「機会」を他者に移転し、自社で行う代わりに外部で管理させる、アウトソーシングという方法をとることもできます。

アウトソーシングという手法は、給与計算に限らず、様々な業務で行われているのを、みなさんはご存じでしょう。正確性のみならず、専門性が高いといわれる退職給付の計算を専門の金融機関へ、財務諸表作成に伴う税金計算を監査法人や税理士事務所に委託するのは、典型的かつ日常的にみられる例です。

③　不正の「機会」が含まれる業務や事業そのものをやめてしまう

不正の「機会」に対応するために費やすコストや実際に不正が発生した時に想定される実害などのデメリットに比べて、事業を継続するメリットが少ないと判断した場合、その業務や事業から撤退するという選択肢もあり得ます。中小企業のある部門が海外に進出し、安価な労働力に頼って事業を行ったところ、現地従業員による不正に加え、麻薬摂取などの違法行為が慢性的に発生。不正や違法行為に対応するコストが安価な労働力によって事業を継続するメリットを凌ぐと判断し、撤退を決断したといったケースがこれにあたるものと考えられます。

④ 不正の「機会」やリスクを甘んじて受ける

実は不正の「機会」を甘受するという選択肢も存在します。不正の起きる可能性は極めて少なく、かつ仮に起きたとしても想定される実害が僅少で、あえて対応するためのコストをかけるに値しない場合、なにも対策を施さずに、ただ容認をすることがあります。要するに不正を防止するにはコストがかかるうえに、仮に発生したとしてもその実害は取るに足らないと判断された場合に採られる方法です。ただし、不正が起きる恐れを認識しながら、発生の確率と実際起きた時の実害の少なさを計算のうえ、あえて対策を講じない会社の姿勢と、もともと何も知らず、無関心によって放置したままにしておく会社の姿勢とでは、不正に対する取り組み方に雲泥の差があることを知ってほしいと思います。

2. 心の中に芽生える不正の「動機」と対峙する

心の中に芽生える不正の「動機」は主観であり、その時個人が置かれた境遇によって様々な形をとります。人事評価に対する不満、過度に感ずる売上ノルマの負担感、金銭的困窮、債務の返済、人間関係や周囲への不満など、数え上げればきりはありません。要するに、人は不満を持つ動物です。そして不幸にもこうした不満は時に不正の「動機」を形成することがあります。人の心の中の不満が不正の「動機」を形成し、徐々に強くなってゆく過程のなかで、周囲は一体なにができるのでしょうか？

たとえば、人間関係に基づく情報の交換は、不正の「動機」を緩和させ、不正を思いとどまらせる要因になり得ます。それは人とのコミュニケーションであり、時には飲みニケーションになることもあります。人が何を考えているか、いかなることに不満をもっているのか、それが内心から外に向かって発せられないかぎり、何もわからず、対策することができません。もしあなたが上司であり、上位の権限者なら、なにより部下や従業員との意思疎通に心をくだく必要があります。

部下からの相談は時に、借財などに代表される様々な身の上の相談となるかもしれませんが、あなたが経済的援助をする立場になく、もちろんそうした力がなくとも、聞く耳を持ち続けることは必要です。

相談の内容が人事評価への不満であれば、評価の公平性や透明性に努力する余地があるかもしれませんし、または定期的なジョブローテーションや配置転換にも配慮する必要があるかもしれません。売上ノルマが過度に感じられ、ストレスや負担感が増していると見られるならば、経験者を充てて補助し、業績結果を個人の責任に帰せずに、部門全体で対応する仕組みを検討する必要があるかもしれません。いずれにしても、心の中に潜む「動機」を早いうちに気づき、対策することは、個人的でセンシティブなことですが、「動機」を認識して適切に対策するという点で、不正の予防に効を奏することが多いのも事実です。

不正防止のためのメカニズムⅡ

「機会」、「動機」と対峙して、その対策を検討しましたが、続いて「正当化」、「隠ぺいの確信」とそれぞれ向き合い、対策を検討したいと思います。

1．不正行為を「正当化」する身勝手な振る舞いと対峙する

人は絶えず不満を持ち、その原因を他に転嫁する身勝手な動物です。たとえば「この程度の不正は、なにも自分だけではない、周囲も同じことをやっている」、「これまで長い間会社に貢献してきたのだから、このくらいの不正をして利益を得ても、報われるのが当然だ」、「会社の業績数値を操作しないと金融機関がお金を貸してくれない、

会社が倒産しては元も子もない、だから粉飾をしても…」こうした利己主義による自己の「正当化」には、教育と訓練をもって対応しなければなりません。

みなさんの会社には、創業の精神や会社の理念に基づく行動規範、指針あるいは倫理規程があるにちがいありません。こうした会社の理念とそれに基づく規範や倫理について、教育を行うことがまずは大切です。幹部や従業員が社内講師を務め、年に数回は全員参加によるレクチャーを行い、テーマとして会社が歩んだ歴史について語るのもよいと思います。

必要ならば外部から講師を招き、不正防止や人間関係など会社運営に関する様々なテーマについて講義を行うのも効果的です。ただし効果はすぐには見えず、地道な取り組みとなりますが、会社への忠誠心や帰属意識を生み出し、不正行為に対する身勝手な「正当化」を防ぐために大きな効果をもたらします。

2.「隠ぺいの確信」と対峙する

不正行為は、心理上隠し通すことができるという自信や確信に基づいているため、これらを切り崩し、不正をとどまらせることが重要であり、そのためには次のような様々なアプローチが考えられます。

①　定期的な内部監査の実施

定期的に繰り返される内部監査の実績を見ていると、誰しも不正をはたらけば、いつかは発覚するにちがいないという意識が醸成され、見つかるはずがないという自信感の喪失をもたらします。監査で指摘され、厳しい処分や処罰を受けた実例を目の当りにすれば、不正に対する十分な牽制として働きます。もし内部監査部門がなければ、社内で毎年臨時のメンバーを募り、監査チームを組織して監査を実施することができます。あるいは顧問税理士や公認会計士に指導を仰ぐのもよいでしょう。

内部監査によって、ルールが遵守されていることを確認するのが大切なのは言うまでもなく、それに加えて周囲への牽制効果が働き、悪意ある者の「隠ぺいの確信」を打ち砕く効果があることも見逃してはいけません。

② 内部統制評価と外部監査人による監査の実施

内部統制報告制度は、上場企業のみに導入が義務付けられた仕組みであることはみなさんご存じの通りです。上場企業は、投資家が信頼できる財務諸表を作成するプロセスを文書に表し、誤りや不正が起こりやすい個所を毎年定期的に自己評価します。更に会社が行った評価を監査法人が監査をし、もし不備として不正や誤りが見つかれば、是正のうえに公表を求められることもあり、会社の社会的評価に影響を及ぼします。かくして内部統制評価と監査法人による監査は、毎年繰り返されることによって「隠ぺいの確信」を大いに揺るがす牽制の効果をもたらすことになります。

③ 内部通報制度の導入

内部通報制度とは、会社の従業員が社内で法令違反、社内規則違反や反倫理的行為(パワーハラスメントやセクシャルハラスメントを含む)を見つけた場合、社内の定められた窓口に通報し、改善を求めることができる制度を言います。通常、社内の窓口は会社のコンプライアンスを担当する部門の他に、社外の弁護士事務所を使うこともあります。そして内部通報制度による通報を調査した結果、不正が明らかになった場合は厳正な処罰が行われます。

不正を企てる悪しき者は、上司や上席の権限者による管理の眼を盗んで不正をはたらきますが、内部通報制度によって通報されないようにするためには、周囲の同僚の眼まで気にしなければなりません。こうして内部通報制度も「隠ぺいの確信」を揺るがすに十分な牽制のための制度として働くことになります。

3．覚悟をきめる

不正が起きやすくなるカードが揃わぬように、様々な対策を述べてきましたが、それでも未だに不正を駆逐できないのは、みなさんもご存じの通りです。もう何年も前のことになりますが、一緒に内部統制の仕事をした欧州の会計士と不正について語り合ったことがあります。ドイツ人の彼が言った言葉がいまでも脳裡から離れることがなく、実は私の行動の指針や覚悟となっています。彼曰く「プロフェッショナルならば、どんなに対策しても不正は起きると思って行動すべきだ」と。

みなさんにも同じように覚悟してほしいと思います。

「どんなに対策を施しても、不正は起きるものである」、さらに「残念ながらすでに起きてしまった時は、できる限り早期に発見し、対策することが大切である」とも。

不正をはたらく期間の長さと会社が被る損害の大きさは正比例の関係にあります。起きてしまったときは、早期に気づいてすみやかに処置し、その後の反省を踏まえた再発防止策に力を傾注すべきです。無力感を持ったり、嘆いたりする必要などまったくありません。無力感を持ち、嘆いたまま諦めてしまえば、それこそ不正の思うツボです。

ではどのようにしたら早期の発見ができるのか、次章以降で考えてゆきたいと思います。

第一章のポイント

1. 個人を不正行為から守り、遠ざけるには、業務を複数の担当者の間で分担させ、相互に牽制する仕組みをつくることが大切です。不正の「ツボ」に対して、仕組みによる牽制と防止こそ信頼に値し、その設計のために経理の知識が直接求められることはありません。

2. 不正が起きやすくなる4つの条件、「動機」「機会」「正当化」に加え、不正を隠し通せるという確信、「隠ぺいの確信」を挙げることができる。それぞれに対抗すべき有効な対策がある。

3. 不正をひまわりに例えれば、それは突然人の背丈以上に成長するものではない。しかし不正の「ツボ」に芽吹く芽を放置すれば、取り返しのつかない事態となる。不正の期間が長ければ、長いほど、会社に与える損害も深刻で大きなものとなる。

第二章

不正のトップバッターは
こうして打ち取れ

ルールのない会社、ルールを無視する会社そして不正が起きやすい会社

日本人は、タテマエとホンネ使い分けることに長けています。中堅規模の製造業の経営者とＩＳＯ（International Organization for Standardization）について立ち話をしたことがありました。ＩＳＯとは国際的に定められた規格で、求められる基準を満たすことで国際認証が得られます。認証を得ると顧客から自社製品の品質について一定レベルの信頼性を勝ち取ることができるため、こぞって各社が目指す制度です。

その会社は自動車部品製造の下請け会社で、取引先や顧客から製品の品質の信頼性向上を求められ、ＩＳＯの認証取得を強く要請されていました。つまりＩＳＯを導入することで会社の製造する製品の品質を向上させる仕組みを築き、その仕組みを定期的に点検することを求められていたのです。しかし経営者は、これまでの試行錯誤によって培った仕事の進め方に対するこだわりがとても強く、正直なところ取得をかな

り渋っていました。

数か月経って再度訪問した時に、ＩＳＯの認証取得の件が改めて話題に上がりました。その経営者は、認証取得の話を受け入れることにしたことを私に伝え、しぶしぶと次のように語っていました。「取引先が、今後の取引の継続と安定的に発注を約束する代わりに、ＩＳＯ品質マネジメントシステムを導入することを求めてきたので、やむを得ず導入することにしました。しかし、仕事はこれまで通りです。ＩＳＯはタテマエで取引先と今後も仕事を続けるためのつきあい経費みたいなもので、これまで培った仕事の方法を変えるつもりはありません。あくまでホンネは別です」。

1．タテマエとホンネのルールを使い分ける経営者

形式上のルールを定めても、実態は別のルールが妥当するというのでは、そもそもＩＳＯを導入する意味はありません。タテマエのルールとホンネのルールを経営者が任意に使い分けるという身勝手な考え方には、驚くばかりか、呆れてしまったことを思い出します。

そしてここにも不正の「ツボ」があるのです。

2．ルールを整備する前にルールにならなければならない

歴史上の誰の言葉であったのか残念ながら覚えていませんが、「人々は民主主義だ、民主主義だ、といって君主制に代わる新しい仕組みをもてはやすが、本当の民主主義を実現させたかったら、まず自らが民主主義にならなければいけない」という、名言を聞いたことがあります。これになぞらえるなら、「経営者がルールや規範を導入したいと思うなら、まず自らルールや規範の趣旨を十分に理解し、率先してこれを守らなければいけない」ということになります。

戦国武将の武田信玄公が領国支配のために法度を作ったとき、領主を例外とすることなく、みずからも法度に拘束されることを定めたといいます。不正を防止するための規程やルールを定めたら、まず経営者や幹部自らが率先して守る。経営者や幹部自らが率先して守るかどうかは、その規程やルールが社内に浸透するかどうかを判断するリトマス試験紙のようなものだと思います。ルールが書いてあるだけでは、古新聞

と何ら変わりがなく、ルールは遵守されて初めてその目的や趣旨が実現されるものです。ルールが客観的に定められず、書面にすら表されていない会社などは論外といわざるを得ません。

3．ルールのない会社、ルールを無視する会社そして不正が起きやすい会社

形式上はルールを定めておきながら、経営者自らが他のルールを適用する。定められたルールに沿って業務を運用せず、その場しのぎで対応する会社は、ルールを無視する会社にほかならず、不正の芽が芽生えやすくなっています。こうした会社の経営者に、なぜ規程類の整備をしないのか、なぜルールがあっても適切な対応をしないのか、その理由を訊ねると、きまって「仕事が忙しい」、「そうした定めを整備する時間がない」、「ビジネスは臨機応変に対応するのがよい」などと、もっともらしい言い訳をします。あたかも自分自身がルールであるかのように。

こうしてルールを客観的に定めず、書面にすら表さない会社、ルールはあっても臨機応変を理由として時々で適用を変え、無視する会社はいつか必ず不正を起こす会社

に分類して、まちがいありません。

こうした会社の特徴のひとつに売上至上主義、利益第一主義が挙げられます。常に営業が優先、営業部門が優遇されます。規程の整備どころか、必要とあれば、あえてルールの趣旨を曲解して適用することすらためらいません。その時々でルールは合理的理由もなく変えられてしまい、そこに不正は突然襲ってきます。

会社は、売上に躍起になり、不正の予兆に気づく敏感さにまったく欠けるために、それは突然に襲ってくるのです。その時になって手をこまねいても、遅すぎることは言うまでもありません。ホラー映画の予告のように聞こえるかもしれませんが、私の実体験はこれまで常にそうしたものでした。やはり、その時は突然に訪れます。

不正のトップバッターは、ルールが客観的に書面などで定められていない会社、仮にあったとしても、タテマエのごとくルールを無視、曲解することに躊躇しない会社に他なりません。

いま、残念なことに、こうしたルールを無視、曲解することに躊躇しない会社を挙げれば、枚挙にいとまがありません。みなさんの記憶にはまだ新しいと思いますが、製品出荷時に定められた検査を無資格者に実施させていた事例、部品や部材製品の性能にかかる数値の改ざん、燃費試験データの改ざん等。世界に誇るものづくりニッポンの企業の所作とは思えないほどのルール無視とその曲解の現実です。

さて、自分がルールだといわんばかりに振る舞う方、みなさんの周辺にはいませんか？

不正のトップバッターを打ち取る

新聞、マスコミでいろいろな不正が毎日のように報道されていますが、みなさんは、どのような種類の不正が最も多く発生しているかご存知でしょうか？
・・・それは売上です。売上にまつわる不正が最も多く、売上に関わる取引は不正のトップバッターなのです。会社にとって、売上を計上することは生命線を確保することに他なりません。売上が伸びなければビジネスは立ち行かず、当然社会的な評価もされません。

この生命線を確保するために、会社はひたむきな努力をして、競合会社との攻防戦を繰り広げる一方で、売上にまつわる不正が絶えることはありません。

1. 架空売上の亡霊につきまとわれて

架空売上、それは読んで字のごとく、現実にない売上をあたかもあったかのように装う不正のことです。この架空売上を計上するのは、悪しき者の意識からすると、意外に容易かもしれませんが、その後は必ず亡霊がつきまとうことになります。

亡霊とは「売掛金」という会計の勘定のことです。ある担当者が売上ノルマのプレッシャーに耐え切れず、何らかの方法を使い、架空の受注を偽装して売上を計上できたとします。売上高は一年間の会計期間が終ってしてしまえば、翌期の会計期間に繰り越すことはありません。しかし架空に売り上げた顧客に対する債権、つまり「売掛金」は入金が完了するか、時効が来ないかぎり消え去ることはなく、悪しき者に亡霊のごとくつきまといます。そもそも架空の売上ですから、そのまま放置しても入金されることはなく、入金がなければ、架空売上が発覚してしまいます。

そこで入金をするためには、次の嘘をつかなければならなくなります。たとえば、後述しますが、入金の原資をつくるために会社製品の不正な転売、架空出張による旅費の詐取等、新たな悪事を重ね、嘘の上塗りを続けることになります。しかしこうした嘘にも限界が訪れ、やがては発覚する時がやってきます。架空の売上の手口や態様は本書で取り上げられない位、様々ありますが、悪しき者が例外なく亡霊に悩まされて追い込まれること、それは変わりません。

2. 架空の顧客を登録する

新規に顧客と取引をはじめる時、顧客の会社業績をはじめ、適切な取引を継続できるかどうか、あらかじめ信用調査を行うのが通常です。そして社内の適切な権限者の承認を経て、顧客台帳や顧客管理のシステムに登録され、はじめて新規顧客から受注することができることになります。こうして架空の顧客を新規に登録することは、様々な文書を偽装しなければならないために、新規の顧客の不正な登録が、発生する頻度は少ないといえます。

しかし、後述するように一定の環境さえ揃えば、隠れて架空の顧客を登録することができ、架空売上の不正が起こり得るため、注意が必要です。

3．架空の顧客登録と不正の「ツボ」

みなさんの会社では、新規の顧客を顧客台帳に加えたり、あるいは顧客管理のシステムなどに登録する担当者と、既に登録された顧客からの注文を登録する担当者を業務上、明確に分けていますか？　もし同一の担当者が両方の業務を兼務しているならば、それは架空の顧客を新たに登録した上に、架空の注文を用いて売上を偽装することを許しているのと同じことになります。不正の「ツボ」がここにあり、必ず業務の分担を図らなければなりません。

新規の顧客登録の業務と受注の登録業務の兼務を放置しておくと、架空売上を企む悪しき者は、架空の顧客を顧客台帳に記入するか、あるいは顧客管理のシステムに不正に登録をします。新規登録ができれば、次は注文書を偽造し、あたかも注文があったかのように偽装し、架空の売上につなげようと企みます。年を通じて新規顧客の数が固定的であまり増減のない会社の場合、こうした不正はすぐ発覚しますが、新規顧客の数が多い会社にとっては、数に紛れ、架空売上を許す結果となりがちです。

4．既存の顧客を用いた架空売上の実態

一方、既存の顧客を用いた不正の場合も、注文書を偽造して売上を架空に計上するというからくりは同じです。更に不正を企てた悪しき者は、架空に計上された売掛金の亡霊から逃げ去るために、会社から詐取した現金を元にして会社口座に入金を企てます。

たとえば、架空売上を装って社外に持ち出した会社製品の横流し、カラ出張、小口現金や小切手の悪用をして売掛金の消込のための資金に用います。経理部門の担当者が関わって、他の顧客が振り込んだ入金を用い、架空の売掛金を消し込むという悪質な手口が起きることもあります。悪しき者による嘘の上塗りとは、具体的にはこうし

たことです。

5．架空売上を暴く

架空売上について紹介した事例は、あくまで一例に過ぎず、その手口は様々で多岐にわたります。裏返せば企業にとって、いかに売上が重要な経営上の要素を構成するかがわかります。では架空売上を暴くには、それも早期に白日の下にさらすためには、どうしたらよいのでしょうか。いくつかの手法を紹介したいと思います。

①　残高確認書による照会

会社が記録している売掛金の残高が正しいかどうか、顧客に対して直接問い合わせをします。つまり当社の売掛金残高が正しいかどうか、定期的に文書によって確認をするということです。顧客に覚えがなく、そもそも架空ならば、照会によってすぐに不正は発覚するでしょう。また架空でなくとも顧客が管理している残高と当社が管理する売掛金の残高が大幅に異なれば、不正を炙り出す糸口になるにちがいありません。

会社によってはこの残高確認を怠っていたり、監査法人や税理士の監査の一環として、一部の顧客に対する確認を行うにとどまっていたりします。しかし残高の確認は、架空売上を早期に暴く手法としては極めて有効で、会社自ら、定期的に行うことを是非とも勧めたいと思います。

②　納品書、検収書を精査する

製品や商品の納品によって売上が計上される会社の場合は、顧客のサインや承認印がある納品書が、売上の根拠になることがあります。サービスを提供する会社であれば、サービスの提供が確かにあったことを示す検収書が、売上の根拠になります。

これらの納品書や検収書が偽造されていないかどうかを確認することが大切です。納品書や検収書に顧客先の誰がサインをしているか、そのサインをする権限者の変更が頻繁にあるか、サインの筆跡は同じか、押印されているならば印影に変更はないかどうか、こうしたことにも注意を払います。

もしこれまでと異なっており、違和感を抱いた際には、直接顧客に照会して早期に確認をすることを怠ってはいけません。納品書や検収書の偽装が見過ごされ、長期にわたり不正を見抜けなかった事例は枚挙にいとまがないからです。

③　売掛金年齢表（エイジング・リスト）により入金状況を把握する

売掛金の年齢表とは、売掛金がいつ、いくら発生し、入金に伴う残高の状況を顧客別、期間別に分類した残高明細書のことで、この売掛金に基づく入金の状況や傾向を見守ることも大切です。

たとえば、入金のタイミングが一定せずに不規則であったり、入金金額が定まらずに一部入金であったり、金融機関から知らされる入金元の情報に不信感を抱いたり、売掛金の残高が期間の経過に伴って、規則的に減少しないなどの症状が起こります。こうした残高の不規則な変化を見過ごさず、疑ってみる必要があります。悪しき者が、不正に計上した売掛金の消込のための資金に困れば、入金のタイミングが不規則となり、その金額も変動するにちがいないからです。

④　在庫の変動を注視する

サービス業の場合と異なり、製品や商品を販売する会社にとっては、売上が上がれば当然に在庫は減少します。そのため架空売上を偽装するには、保管されている在庫が減少しなければなりません。組織ぐるみによる不正であれば、商品や製品を他の倉庫に移動させることを画策するかもしれませんが、個人であれば、倉庫から在庫を不正に持ち出したうえ、売却して売掛金の消込ための資金にするかもしれません。もしもあなたが、棚卸の不自然な不一致や倉庫での盗難の頻発化などの徴候に気づいたとき、そこには思わぬ架空売上の工作が隠されているかもしれません。

「架空売上」をキーワードにしてインターネット検索を試みて下さい。様々な手口の巧妙さと会社の被った被害の大きさに、みなさんは、きっと驚くにちがいありません。

利益の泉を守る

みなさんの会社が扱う商品や製品、または提供するサービスの価格情報はどのように管理されていますか。会社によっては、価格リスト(台帳)に価格を記載して担当者が管理し、あるいはシステム内にサーバーを立てて価格情報として管理をしています。価格の情報が容易に変更されてしまっては、会社として確保すべき利益が損なわれることになりかねないため、不当な改ざんからしっかり守られているのが普通です。価格の情報は見積書や請求書を作成する時も密接に関わるために、会社の利益の泉ともいえます。

さてみなさんの会社では、この利益の泉を不当な変更からしっかり守る仕組みを持っていますか？　当社は問題ないと答える方にも、管理をないがしろにすれば、実際にとんでもないことが起きることを改めて認識してほしいと思います。

1. 不正の「ツボ」はここにあり

価格リスト(台帳)に記載されたり、価格マスタに登録された販売価格はいったん定められても、市場の動向や会社の販売戦略によって適宜変更されるのは、いってみれば当然のことです。しかし、もし販売価格を変更する手続きが適切に整備されておらず、その場しのぎによる価格の変更が容易にできるとしたら、どのような濫用が起きることになるか、想像してみてください。

たとえば、ある会社では、月末、四半期末または年度末の決算期に売上高は予算に対し未達のままだとします。ノルマ達成に苦しむ営業部門の担当者や責任者が、目先の受注がほしいあまり、価格リストを管理する担当者に指示をして、一時的に価格を下げさせる恣意的な運用ができるとしたら…。それどころかシステムに保管される価格マスタに直接アクセスして、価格を制限なく変更できるとしたら…。

顧客への販売価格を操作することで、目先の受注を得て、当面の売上を確保できるならば、一時的にはノルマのプレッシャーから解放されるかもしれません。しかし、販売価格が切り下げられているために、利益率は明らかに下がってしまいます。いや、それどころか、利益すらとれずに原価割れをきたしているかもしれません。不十分な価格管理の仕組みが原因で、営業部門による恣意的な価格操作を許せば、それは利益の泉に対する不正の「ツボ」となります。

2．利益の泉を守るためには

価格情報は、少なくとも売上に責任を持つ営業部門、顧客管理部門などの部署であれば、だれもが参照できなければなりません。しかし参照にとどまらず、販売価格の変更や操作が、容易に、制限なくできてしまっては、それこそ不正の思うツボ。

そこで利益の泉を守る仕組みを作るには、次のような3方面からの作戦を練ります。

①　変更の権限と変更手続きを明確にする

営業活動のことは営業部門にしかわからない。キャンペーンなど値引きをはじめとする販売価格の変更権限は、まず一定の金額の範囲までは営業部門の責任者に委ねて、販売戦略の融通性を確保します。しかしそれ以上の金額を変更する時は、営業部門以外の経理、財務やマーケティングの部門も関わって、会社として確保すべき利益など変更の妥当性を十分検討する会議の場を設けるのがよいでしょう。そのうえで価格変更を承認する手続きを明確にすることが必要です。

②　販売価格を変更できる者を特定する

価格リスト(台帳)や価格マスタの販売価格を、実際に変更できる担当者を定めます。その担当者だけが、価格の変更承認や営業責任者からの値引き指示に基づいて、販売価格の変更ができるようにします。もし販売価格がシステムの内で管理されているならば、担当者にアクセス権を限定的に付与します。販売価格がシステムではなく、価格リストや台帳による手作業で管理されているならば、それらの情報をエクセルのスプレッドシートに落とし込み、パスワードを付して保護しておけば、担当者以外にアクセスをすることはできなくなります。

③　販売価格を変更、管理する業務と見積書を作成する業務の兼務を避ける

さらに販売価格を変更、管理する担当者と、受注に基づき、見積書を作成する担当者を同一人にすることは避けます。もし同一人が兼務すれば、見積書を作成する時に販売価格を変えて、不当に安価な見積書を作成できる機会を与えることになります。それぞれの業務を分担し、お互いに牽制させる制度設計を心がけてほしいと思います。

こうした仕組みが整備できれば、販売価格をむやみな変更から守り、適切な利益を得る見積書が発行できます。価格リスト(台帳)や価格マスタは会社の利益の源泉となるものです。誰でも安易な変更を許せば、会社の利益を損なう不正の「ツボ」に陥ることになることを忘れないでほしいと思います。

特定の人への権限の集中を避け、複数人で業務を分担し、お互いに牽制しあうことで不正の芽を抑え込む工夫を怠らなければ、その芽は摘み取れます。これこそ、相互牽制の機能であり、不正の芽を摘む眼力の核心と考えられます。

不正売上の予防と牽制

会計の勘定科目でいえば、「売上高」にまつわる不正取引が一番発生する頻度が高く、不正のトップバッターといっても過言ではないということは、すでに紹介しました。

売上についての不正は、架空売上、売上の早期計上、売上の水増しなど新聞や雑誌でよく耳にするため、みなさんにとってお馴染みのものばかりだと思います。売上は企業利益の源泉であり、万が一にも、このトップバッターの不正が発覚すると、会社に与えるインパクトは極めて大きく、社会的信頼の失墜から倒産に追い込まれる会社も数多いと言えます。それゆえに売上にまつわる取引には常に警戒を怠ってはいけません。

1．売上を計上するルール

会社は月末決算および四半期末決算、そして年度末決算までに、出来る限り多く、それも早く売上を計上したいと考えます。しかしむやみに売上を計上できるわけではもちろんなく、そこには当然ながら会計上のルールというものが存在します。

たとえば、販売会社の倉庫から製品が運び出された時点で売上を計上できるというルールがあり、製品を出荷しなければ、売上を計上することはできません。また製品が顧客の手元に到着した時点で売上を計上できるというルールもあり、顧客が製品を受け取らない限りは、売上を計上することはできません。この他にも、製品を海外に搬送する際に、船に積み込まれた時点で売上を計上するなど様々なルールが存在しています。

2. 売上計上のルール違反

どのルールを採るにせよ、期限までに売上を計上したいという会社の強いホンネが災いすると、売上の早期計上という不正が起きやすくなります。製品が倉庫から出荷していないにもかかわらず、売上を計上したり、顧客が製品を受け取らないうちに売上を計上したり、船にまだ製品を積載していないにもかかわらず、売上を計上してしまうなどといったルール違反が起きやすくなるのです。

こうした売上の早期計上は、月末、四半期末そして年度末に起きやすくなります。たとえば月末までに目標売上を上げなければならない状況に追い込まれると、たとえ製品の出荷が翌月になったとしても、当月に売上を計上してしまう。甚だしい場合は、翌月の出荷を示す伝票の日付を月内に改ざんしてまで、不正な計上を行う。あるいは顧客が製品を翌月に受け取っていても、月内に売上を計上してしまう。悪質なものは、同じように伝票を改ざんしてまで、あたかも月内に受け取りがあったかのように見せかけます。この調子でゆくと、いつまで経っても月末の決算は来ないことになってしまうというわけです。

一年の中で、通常の月に比べて、四半期末、年度末にとりわけ売上の計上が集中する傾向がある時は、売上の早期計上があるかもしれないという懸念を感じ取ることは大切です。

3．売上計上の適切なタイミング

売上をいつ計上するかは、各国の会計基準、企業の顧客との契約により様々に異なります。わかりやすい例として製品製造業を前提に、代表的なケースを挙げてみます。

①　製品が工場から出荷した時に売上高を計上する。

②　製品が顧客に到着した時に売上高を計上する。

③　工場から製品が出荷した時に売上高をいったん計上し、月末までに顧客に到着しなかった製品を売上高から控除する。

これ以外にも売上計上のルールは様々ですが、大切なことは、会社がいったん定めた売上計上のルールは、合理的な理由もなくむやみに変更してはならないということです。会社の都合によってその都度売上を計上するタイミングを変えることができるようでは、ルールとして定めるそもそもの意味が無くなってしまうばかりでなく、売上操作の原因にもなりかねません。

4．カットオフテストの導入とその効果

こうした売上を計上するルールがあるにもかかわらず、伝票を不正に改ざんしてまで売上を上げる危険な行動に従業員を駆り立てる原因は何なのか、そしてその原因を除去するにはどうしたらよいのでしょうか？　その原因の一つが過度な売上のプレッシャーにあるなら、会社の方針を改善しなければならないのは言うまでもありません。

また改ざんが日常茶飯事で、悪しき因習となっているのならば、経営幹部や従業員への教育を通じて是正することも必要になるでしょう。そしてもう一つ、原因を除去して改善に導く方法にカットオフテストという手法があるのはご存じでしょうか？

カットオフテストとは、前述した売上のルール違反がないかどうかを判定するテストのことです。具体的には、会社の定めたルールや顧客との契約に基づき、売上を適切なタイミングで計上しているかどうか、とくに月末に意図的な売上操作をしていないかどうかを判定することです。月末、四半期末や決算期末が近づき、売上の実績が目標に達していない時、なんとしても月内までに売上を達成しようと、様々な操作を企み、ルール違反の不正な売上を計上するケースが後を絶ちません。

テストでは、こうしたケースを炙り出すために、月末の一定期間に焦点をあてて、出荷伝票や請求書を抽出し、ルール通りに売上が処理されているかどうかを検証します。

このテストを定期的に実施すると、不適切な売上の早期計上を見つけ出し、是正することはもちろん、伝票の改ざんにみられるような不正の予防効果も期待できます。

定期的にテストを実施していると、不正な早期計上を行っている者は、テストで見つけ出されることを敬遠し、売上の早期計上といった不正な操作を控えるようになります。つまり牽制や予防の効果が働き、早期計上を撃退することにつながるわけです。カットオフテストの持つこうした牽制、予防の効果は大きいと考えられます。

カットオフテストを実施する

売上の計上には様々なルールがあり、いったん採用したルールを合理的な理由もなく恣意的に変更できれば、売上高を不正に操作することができます。こうしたことを防ぐための手段の一つとしてカットオフテストを実施します。

1．売上を不正に操作する

ある家電製品の会社では、注文を受けた製品が倉庫から出荷され、運送業者に引き渡された時に売上を計上するというルールを採用しています。月末日に製品が出荷され、無事運送業者に引き渡されれば、売上はその月に計上されます。しかしなにかの原因で出荷が遅れ、運送業者への引き渡しが翌日になってしまえば、それは翌月の売上になるはずです。

また別の会社では、注文を受けた製品が倉庫から出荷され、運送業者を通じて顧客に引き渡された時に、売上を計上するというルールを採用しています。月末日に製品が顧客に引き渡されれば、売上はその月に計上。しかしなにかの原因で顧客への引き渡しが翌日になれば、翌月の売上のはずです。

ところが、運送業者への引き渡しが翌日であるにもかかわらず、あるいは顧客への製品の引き渡しが翌日であるにもかかわらず、自社がいったん採用したルールに反して当月に売上を計上してしまうこと。これを売上の早期計上といい、ルール破りの不正行為です。

言い換えれば、製品を出荷していないのにもかかわらず、あるいは顧客が製品を受け取っていないのにもかかわらず、売上を早期に計上してしまう行為です。実は売上に関わる不正のなかで、架空売上と同じように多いのが、この売上の早期計上です。月末日など期日までに売上の実績を上げなければならない、売上計上に対するプレッシャーが強く働くとき、こうした不正は起きやすくなります。

2. カットオフテストとは何か

売上の早期計上を見つけ出し、ルールを破る不正計上が起きないように予防するためのテストがカットオフテストです。製品の出荷や売上の計上の時に用いた帳票に記載された日付を比較して、不正な計上かどうか判定します。早期計上があれば、カットオフテストのエラーとして判定し、改善をします。特に月末に起きやすい売上操作に焦点を置いて判定します。

3．カットオフテストを実施する

みなさんの会社では、どのようにカットオフテストを実施するのか、具体的にわかり易い事例を用いてその方法を示します。

●テストの対象とする会社

ある家電製品の会社では、注文を受けた製品が倉庫から出荷され、運送業者に引き渡された時に売上を計上するというルールを採用しています。

①　製品は、出荷伝票に従って倉庫から出荷されます。出荷伝票には、出荷日、製品（規格、数量、仕様などの情報）、顧客名などの情報が記載されています。

②　倉庫から出荷された製品は、運送業者が引き継ぎます。運送業者は、出荷伝票の控えに受け取りを証するサインと日付を記載し、製品を受け取ります。

③　運送業者のサインがある出荷伝票の日付を根拠に、顧客への請求書が発行され、同時に売上が月末締めで計上されます。

●カットオフテストの対象期間

早期計上が起きやすい月末の最終週を選びます。具体的な期間は月末日を含む5営業日とします。対象期間があまり長すぎても、短すぎても効果がありません。月末の一週間程度が適切なテスト期間として考えられます。

●カットオフテストの判定方法

注文を受けた製品が倉庫から出荷され、運送業者に引き渡された時に売上を計上するというルールが守られているかどうかを検証します。そのためには、テスト対象期間の中で発行された請求書と運送業者のサインが記載された出荷伝票を使って検証します。

①　請求書と出荷伝票の日付が月内で同日ならば、ルールは守られています。

②　請求書と出荷伝票の日付が月内で、出荷伝票よりも請求書の日付が後ならば、ルールは守られています。

③　請求書の日付は月内であるにもかかわらず、出荷伝票の日付が翌月ならば、ルール違反です。売上の早期計上であり、カットオフエラーとして扱います。出荷がないにもかかわらず、当月に売上を早期に計上する不正行為です。

●テストすべき件数

月末日を含む最終週の５営業日をテスト対象期間とした場合、その期間内に発生したすべての請求書と出荷伝票をテストできれば理想的です。しかし、月末に出荷や請求が集中して全件をテストするのが物理的にも、時間的にも困難ならば、後に示すサンプリングの方法を用いて一定数の帳票を抽出してテストをします。

テストをする件数は、会社によってまちまちです。内部統制制度の評価や監査の定めに準じて1回のテストに最大25件を選ぶ会社、年を通じてテストを複数回実施し、合計して25件を選ぶ会社などありますが、件数が少なすぎても効果がないため、1回のテストに最低でも10件程度はテストを実施してほしいと思います。さらに過去に早期計上などの売上操作が検出されている場合は、適宜テストすべき件数を増やして対応することをお勧めします。

●サンプリングについて

全件をテストできれば理想的ですが、限りある時間や実施するコストを考慮してサンプリングという方法を採ることができます。サンプリングとは客観的なルールに従い、全件数の帳票の中から一定数の帳票を選び出すことを言います。大切なことは、選ぶ方法が客観的で、誰がサンプリングをしてもあるいは何度サンプリングをしても常に同じサンプルが選ばれる、同じ結果が得られるという点にあります。一度サンプリングをして、ルールに反する好ましくない伝票が見つかったら、サンプリングをやり直し、別の伝票をテスト結果に採用するという不公正な意図が働くようでは、テストをしても何の意味もなくなってしまうからです。

①　売上の金額の多い順にサンプルする

テスト対象期間に発行した請求書の中から、金額の多い順に上位から一定の件数を採用します。不正が起きた時、事業に与える影響度の高い順に選んでテストをすることにその趣旨があります。金額の多い順に選べば、その結果は明確でサンプリングのごまかしはききません。しかし、テストの度に同じ顔ぶれの顧客に対する請求書が選ばれてしまうようでは、その効果が限られてしまうため、選ばれるサンプルの傾向には注意をして、この方法を用いて下さい。

②　一定の間隔(インターバル)をおいてサンプルする

テスト対象期間中に、発行したすべての請求書に一連の番号を付し、一定の間隔をおいてサンプルします。たとえば、１００件の間隔をおいてサンプルするとします。最初に発行された請求書を1件目のサンプルとして採用したら、次は101件目、次は201件目というように一定の間隔(インターバル)をおいてサンプルします。だれが何度繰り返しても同じサンプリングの結果が得られ、①と同様にサンプリングの客観性が得られます。

対象期間に発生した請求書の総件数を把握してから、間隔を定めて客観的、公正に行うのがよいと思います。

●カットオフテストの実施頻度

カットオフテストを実施するする頻度は、一般的には各四半期、半期及び決算期といったケースがあり、会社の実情に応じて実施することが必要です。

4.カットオフテスト上のエラー対応

カットオフテストによってエラーが発生した場合、その態様によってさまざまな対応が必要になります。

●売上の早期計上が判明した場合

請求書の日付が月内であるにもかかわらず、出荷伝票の日付が翌月ならば、製品出荷の前に売上を計上していることになり、売上の早期計上となります。単純な誤りは別にして、テストのたびに早期計上が慢性的に見つかる場合は、該当部門の責任者に厳しく注意をすべきです。早期計上は不正な売上操作であり、監査でも指摘されるべき重大な問題です。放置すればルール違反が常態化してしまいます。会計上は当月に計上した売上を取消し、改めて翌月の売上として計上することが必要です。

●出荷伝票など帳票の日付の改ざんが判明した場合

期日までにできるだけ多くの売上を計上しようと、出荷が翌月となったにもかかわらず、出荷伝票の日付を月内に改ざんしてまで売上を計上しようとするケースが見つかることがあります。帳票改ざんによる悪質な不正であり、決然として対応すべきです。加えて露見した事実は氷山の一角かもしれず、期間内の全件サンプリングに切り替え、すべてを検証すべきです。帳票を改ざんしてまで、早期に売上を計上しようとする背景には、改ざんを行った担当者の意思とは別に組織的な意向や指示が働いているかもしれません。背景に組織の構造的な問題があるかもしれず、徹底した調査を進めるべきです。

●売上の遅延が判明した場合

月末日までに製品出荷しても、売上の計上が翌月になっている場合が見つかるかもしれません。早期計上の逆のケースに当たります。本来ならば当月の出荷に基づいて、当月に売上を計上しなければならなかったことを踏まえると、これも実はカットオフテスト上のエラーとなります。あまり見られないケースで、売上の遅延計上といわれます。なぜ請求書の発行が遅れたのか、売上の計上漏れが生ずる手続き上の欠陥があるのかどうか、現在の手続きを洗い直す必要があります。計上遅延は直接不正とはつながりにくいですが、売上計上のルールに反し、企業の業績にも関わるために適正な修正を施します。会計上は、翌月に計上していた売上を当月に計上し直します。

●出荷事実を示す帳票がない場合

架空売上の可能性があります。架空の受注に基づいて売上を挙げた場合、出荷事実を示す証憑が偽装されるか、あるいは証憑すら存在しないことがあります。売上ノルマや売上アップのプレッシャーから、従業員単独でこうした不正が行われたり、あるいは組織的な指示で起きたりすることも想定できます。いずれにせよカットオフテストによって不自然な取引が発覚し、不正な売上計上の片鱗をあぶりだすことができれば、その効果は非常に大きいものがあります。

5．カットオフテスト実施の効果

こうしてカットオフテストを定期的に、継続して、粘り強く実施すれば、不正を企む悪しき者に、そして悪しき因習を持つ組織に、大きな脅威としてはたらくに違いありません。売上の不正計上に対する牽制や予防として働くことはもちろん、適切で正確な業務の実施にも必ず貢献するはずです。

本書では、カットオフテストの考え方をわかり易く伝えるため、製品の出荷に基づき、売上を計上する企業の典型的なケースを前提に説明をしました。別の売上計上のルールの場合でも、比較する帳票類は異なるとはいえ、本質的な点はなんら変わりません。是非、現場への導入を進めてほしいと思います。

第二章のポイント

1. ルールを客観的に定めず、書面にあらわさない会社、臨機応変を理由として時々で適用を変え、無視する会社は､いつか必ず不正を起こす会社にまちがいありません。

2. 不正を起こす会社の特徴のひとつに売上至上主義、利益第一主義が挙げられます。営業が優先され、規程の整備どころか、必要とあればルールの趣旨を曲解して、ためらわない。そこに不正は突然､容赦なく襲ってきます。

3. 特定の人への権限の集中を避け、複数人で業務を分担し、お互いに牽制しあい不正の芽を抑え込む工夫をすれば、その芽は摘み取れます。

4. 伝票を改ざんしてまで、売上を上げる危険な行動に従業員を駆り立てる原因があるなら、その原因を排除するために会社の方針を改善します。経営幹部や従業員への教育を通じての是正することや、もう一つ改善に導く有効な方法にカットオフテストがあります。

第三章

大切な会社資産はこうして守る

不正の初心者

或る会社では、製品の棚卸を実施するたびに、経理担当者が頭を抱え、「今月もまたか」と溜息交じりに独り言を言っていました。棚卸とは、実際に倉庫に保管している製品の数量と帳簿に記録されている数量を比較して、差異がないかどうかを確かめる作業を言います。

その棚卸の結果、製品の帳簿上の数量よりも実際の在庫の数量が僅かですが、不足する事態がここ数ケ月継続して起きていました。出荷伝票や返品を記録する返品伝票を調査してみましたが、原因をつきとめるには到りません。

インターネットを介して金型部品を販売し、迅速な納品をモットーに売上を急速に伸ばしている会社のため、倉庫への関係者の出入りは多く、昨年の深夜には倉庫に賊が押し入り、製品の盗難に遇いました。このため倉庫内に監視のモニターを設置し、入退出にもパスワードキーを施し、関係者以外の出入りを厳しく禁じていました。

比較的小ぶりの金型製品を取り扱うため、容易に倉庫から在庫を持ち出される懸念があります。そのため資産を守る物理的なセキュリティを確保していました。しかし、顧客への納品を急ぐあまり、営業部門の担当者が出荷を担当する倉庫部門を通さず、倉庫から製品を直接持ち出し、顧客に納品することがたびたび起きました。さらに製品を出荷したにもかかわらず、出荷伝票が後になったり、担当者が忘れて、発行されないまま放置されることすらありました。これに対し出荷に責任を負う倉庫部門の責任者が営業部門の担当者を厳しく叱責することが何度かあったようです。

1．不正の「ツボ」はどこに

ここまでの状況を踏まえ、不正の「ツボ」はどこにあると思いますか？それは営業部門の担当者が出荷を担当する倉庫部門の出荷手続を通さずに、倉庫から直接製品を持ち出し、顧客に納品すること、ここに不正の「ツボ」があります。

顧客に対応する営業部門の担当者が、出荷担当者を通さず、倉庫にある在庫を自由に持ち出せることができるなら、理由はどうあれ、会社の大切な資産を盗難などの危険にさらすことと同じです。倉庫を盗難から守る設備上のセキュリティにいくら配慮をきかせても、出荷手続きのなかに、業務の分担に基づく牽制機能を働かせることを忘れているようでは、元も子もありません。

2. 迅速な納品サービスと不正の「機会」

営業部門の担当者が、納品を急ぐことを大義名分にして、倉庫から直接製品を持ち出す。顧客に納品したうえに出荷伝票は後付けとなり、時には発行されないまま放置されてしまうというずさんな現状。営業担当者が出荷部門の管理の眼を盗み、製品を倉庫から持ち出し、出荷伝票を発行しないままにしておけば、売掛金も売上も認識されることはありません。インターネットを介したビジネスによって迅速な納品をモットーとする商売を隠れ蓑に、このままでは会社の製品が持ち出され、不当に転売される不正の「機会」が放置されたままです。

出荷伝票を発行せずに製品が持ち出されているとしたら、経理担当者がいくら出荷伝票や返品伝票と格闘しても、そもそも出荷伝票による記録よりも実際の製品が少ないために、常に在庫は足らなくなって当然です。

3．出荷にみる相互牽制の仕組み

営業部門の担当者が、出荷手続きを経ずに製品を持ち出すことは、横流しと着服に道を開き、会社資産をみすみす横領の危険にさらすことと同じです。営業上のいかなる理由があろうとも、けして認めることはできません。営業と出荷業務は、明確に分担し、お互いの牽制を図ることで、不正の「機会」を排除しなければなりません。

4．不正の初心者と返品の横流し

次に、適切な出荷手続きに基づき、営業担当者が迅速に製品を顧客のもとに届けることができたとしても、いろいろな事情により製品が返品されることも起きます。例えば、製品の規格や数量が注文と異なっている、不具合、輸送中の破損など様々な理由が挙げられます。

こうした返品が起きた時に備え、返品担当者や返品受け入れのルールをきちんと定めておかないと、そこにも同じように不正の「ツボ」が待ち構えています。返品担当者以外の者が、顧客に求められるままに返品を承諾し、返品を直接受け取るようなことが起きれば、そのまま売却して対価を着服できてしまいます。

通常、返品の手続きは、定められた返品担当者が顧客から連絡を受け、返品を受け入れるかどうか、会社の基準に従って判断をします。返品を受け入れるなら、返品受入伝票を発行して顧客先に郵送し、返品の製品と併せて担当者宛てに返送をしてもらいます。このほかにも、製品に応じて様々な返品処理の方法がありますが、手続き上で大切なポイントは、次のとおり整理することができます。

① 返品担当者を定め、顧客との契約に定められた返品基準に基づき、返品受け入れの是非を判断すること。それ以外の従業員が勝手に返品の判断をしてはいけません。

② 返品される製品は、返品担当者が顧客から直接受け取ること。それ以外の従業員

が顧客から返品される製品を直接に受け入れてはいけません。

この二点が守られなければ、顧客からの返品を安易に受け入れ、返品された製品が横流しされることになりかねません。もっとも返品担当者以外の、たとえば営業担当者が顧客から返品を受け入れ、売却して対価を詐取しても、顧客の売掛金はそのまま残るため、不正が発覚するのは時間の問題です。こうした不正を行う者は、「隠ぺいの確信」もなく、思いつきや衝動で行うため、不正の初心者ともいえるでしょう。

5．返品にみる相互牽制の仕組み

営業と出荷の業務で見た相互牽制の働きは、製品の返品受け入れの場合も同じ考え方を用いることができます。営業部門の担当者は営業に専念し、返品される製品を受け入れるかどうかの判断とその受け入れは返品担当者に委ねることが大切です。ここにも業務の分担を通じて、相互牽制を働かせ、不正の芽を摘み取る効果が効いていることを理解してほしいと思います。

6．信ぜよ、されど確認せよ

製品の出荷や返品の際に考えられる不正の「機会」を、仕組みを用いて排除する立場からすれば、事例の中の営業部門の担当者が、倉庫から持ち出した製品や返品を不正に売却しようが、出荷の手続をたまたま失念していようが、その担当者のことを、個人的に信頼できるとか、信頼に値しないなどと考える必要は一切ありません。ここでいう信頼とは何を意味するかと言えば、次の言葉に象徴されると思います。

ロシアの古い諺（ことわざ）に「信ぜよ、されど確認せよ(Trust, but verify)」と言う言葉があります。かつての米ソ冷戦時代、お互いに保有する核弾頭の数を制限する交渉のなかで、ソヴィエト連邦が自国の核保有の情報を米国に提供しました。それを見た米国のレーガン大統領は、ソヴィエト連邦のゴルバチョフ大統領にこの古い諺で応じたと伝えられています。つまり「私は、あなたを信じています、しかしそのためには検証ができなければいけません。」と。これこそ真の信頼とはなにかを表す言葉だと思います。

私は賢明な読者のみなさんを信頼しています。しかしみなさんが真の信頼を勝ち取るためには、不正を防止する仕組みを自身でつくり、その手続きに自ら従い、ルールや手続きが常に守られるという検証可能な実績を示さなければなりません。

在庫を数えると不正の「ツボ」があちこちに

商品や製品、原材料は、ものづくりの会社にとって利益を生み出す源。大切な会社資産として、通常は自社倉庫や外部の委託先倉庫に保管されています。したがって商品、製品、原材料が盗まれて、転売されるような不正に巻き込まれぬように適切に管理しなければなりません。その管理の一つの手法として実地棚卸があります。

実地棚卸とは、大切な会社の資産を適切に管理するための業務のひとつです。四半期末や会計期間末に帳簿に記録された商品、製品、原材料の数と実際に倉庫に保管されている在庫の数を比較し、差異の有無を確認し、適切に資産が管理されているかどうかを検証することです。

この実地棚卸を行う時、どのようなことに気をつけて実施をすればよいか、みなさんは具体的にイメージできますか?

誰が、どのようにして行い、どのように記録し、適切な棚卸をするのか、この手続きを不正の「ツボ」の目線から実務的に眺め直してみることは意義があります。

1. さまざまな不正の「ツボ」を見つける

みなさんが、自社倉庫と外部の委託倉庫にある在庫について、実地棚卸を実施するために責任者の立場に立ったとします。すると、関係する倉庫部門や経理部門からは責任者であるあなたに、様々な問いかけが来るにちがいありません。これらの問いかけに対してどのように判断し、どのような指示をすればよいのでしょうか。実はこれらはすべて不正の「ツボ」にかかる論点ばかりなのです。みなさんには次のような問いかけに的確に答えてほしいと思います。

問①　棚卸の効率的な実施について

自社倉庫の実地棚卸は、倉庫部門を担当する者にすべて任せてしまう予定でいます。倉庫部門の担当者は、日ごろから入出庫の手順や倉庫配置に慣れているため、実地棚卸は効率的に実施することができます。実施後、その結果を経理部門に報告してもらえば、手早く済ますことができると考えていますが、今回からはこうした合理的な方法に変更してもよいですか？

問②　棚卸のためのチーム編成について

倉庫内の棚割り別にそれぞれのチームが分担して、棚卸を担当しています。チームは二人一組の編成を基本にしていますが、チーム制よりもそれぞれ各1名で棚割りの在庫を数えて、記録した方が、手配する人員は少なくて済み、効率的だと考えます。今回からは二人一組のチーム制を廃止して、1名担当制に変更してもよいですか？

問③　実在庫の記録シートについて

実在庫を記録する記録シートには、在庫の種類別に帳簿上の在庫数をあらかじめ記載しておく方がよいと考えていますが、いかがでしょうか？　なぜなら、実在庫を数え終わった後で、帳簿上の数と実際に数えた結果を比較しやすく、差異がある場合には、わかり易く効率的だと思います。

問④　第三者による外部倉庫について

外部の委託倉庫にある在庫は、自由に倉庫に出入りができないため、実地棚卸を直接実施するのではなく、すべて委託倉庫に任せてしまい、後日文書で正式に結果報告書や在庫証明を受け取ったほうが客観的な証明が得られると考えています。このような実地棚卸の方法を用いてよろしいでしょうか？

こうした問い合わせにみなさんはどのように答えるのでしょう。

またどのように指示をすれば、的確な実地棚卸が実施できるのか。みなさんの対応次第では、実地棚卸をめぐって不正の芽が見逃され、大切な会社資産を不正の危険に晒すことになりかねません。

2. 実地棚卸にある不正の「ツボ」に陥らないために

実地棚卸にある不正の「ツボ」に陥らないためには、さまざまな問い合わせに対して、つぎのような考え方に基づき、対処することが大切です。

答①　棚卸の効率的な実施と相互牽制

日頃から入出庫や倉庫配置に慣れている倉庫部門担当者が棚卸の業務を行えば、確かに効率的に実施できると思います。しかし倉庫担当者だけに棚卸を任せてしまい、それ以外の部門の者が立ち会わないと、部門の中で口裏をあわせ、故意に偽った在庫数量を報告し、在庫の一部を横領することができてしまいます。

つまり不正をはたらく「機会」をわざわざ提供することになってしまうのです。だからといって倉庫担当者を棚卸作業から全て排除して、他部門の担当者だけが日ごろ慣れない場所で棚卸作業を行うのも非効率です。そこで倉庫部門以外の部門からも棚卸に参加させることにします。総務、経理、財務、マーケティング、顧客サービス部門などから参加を募ります。他部門担当者が倉庫部門担当者とともに棚卸に参加することで、一定の効率が得られるうえに、相互に監視の眼が働き、倉庫部門担当者への牽制となればよいのです。

答② 棚卸のチーム編成と相互牽制

実在庫を数える範囲を一人一人が分担し、1名単位で棚卸を行えば、手配すべき陣容も少なくて済み、一見して効率的に見えます。しかし1名で棚卸を担当すると、在庫を数えたうえに、その記録を記録シートに記載するという交互作業を行わなければならず、在庫の数え間違いに加え、記録シートへの記載誤りが起きる頻度が高まることになります。

記録上、実在庫数量の正確性や信頼性を損ないかねないという懸念に加えて、1名のみで棚卸作業を行うことから、着服や横領の「機会」も与えかねません。これに対して二人一組の単位で棚卸を行うと一方の者は数えるだけ、他方は記録するだけの分担作業となります。それぞれの業務に集中できて実在庫の数量の正確性や信頼性が得られるうえに、お互いに牽制効果がはたらき、横領の「機会」を排除することができます。こうして、実地棚卸には二人一組が適切であり、原則であるということになります。

答③　実在庫を記録するシートと棚卸の目的

実在庫を記録するシートは、日頃継続的に在庫の数量を把握する経理部門で用意され、棚卸の現場に持ち込まれるのが一般的です。そのシートには在庫の種類別に帳簿上の在庫数を前もって記載しておく場合が多く見受けられます。これは後日、実在庫数が判明したあと、記録シート上の帳簿数量と実際の数量を比較する時、経理部門にとっては利便性が高いためと考えられます。

しかし実在庫を数える担当者にしてみると、記録シート上で帳簿上の在庫数があらかじめわかるため、実在庫を真面目に、かつ正確に数えようとせずに、帳簿上の在庫数を実在庫数としてそのまま記載して、報告してしまうことが起きます。これでは棚卸の目的そのものが崩れてしまいます。

そもそも、実在庫を数える担当者に帳簿上の在庫数を知らせる必要はあるのでしょうか？　その必要性はまったくありません。担当者には単純に、粛々と、正確に実在庫を数えてもらえれば十分であり、棚卸の目的は達成されるのです。

したがって記録シートには、在庫の種類別に実在庫数を記載するための欄を設けておけば十分です。その方がかえって、正確な実在庫数を把握することができます。

答④　第三者倉庫の証明は客観的だが、必ずしも事実ではない

第三者の外部倉庫が発行する棚卸結果の証明書は、第三者による証明であるがゆえに、客観的であるかもしれません。しかしそれが必ずしも事実であるとは限りません。

第三者倉庫は他社の商品や製品も同じように保管しているために、自社倉庫と異なり、自由な出入りには制約が伴います。また保管管理契約に基づいて棚卸の実施回数が限られることがあるかもしれませんが、第三者倉庫の担当者の立会のもとで、なるべく

実地棚卸を直接に実施する努力をしてほしいと考えます。

それは第三者倉庫に対する牽制の意味もありますが、むしろ第三者による実地棚卸の結果を鵜呑みにしてほしくないという趣旨からです。第三者による倉庫といっても、その倉庫自体も、横領や着服による不正のリスクから免れているわけではありません。

さらに実地棚卸を行った結果、実在庫数が帳簿上に記録された在庫数より少なく、その原因が判明しない場合、一般的には第三者倉庫に保管上の損害賠償責任が発生します。にもかかわらず、こうした賠償規定を保管管理契約に盛り込んでいない会社がよく見受けられます。紛失にあったのは自社が預けている大切な資産です。第三者倉庫による管理責任を明確にするためにも、必ず規定として保管管理契約に盛り込んでほしいと思います。

腐っても鯛に注意せよ

実地棚卸をすると、劣化した商品、製品や原材料が見つかります。こうした劣化資産のほかに、注文がなく動きの極めて鈍い商品や運送中に破損した製品で、再生が困難なものは、廃棄処分となります。ただしそのうち、経済的価値のあるものは売却され、少しでも製造に要したコストを回収するように努めます。こうした会社の資産価値があるものを売却する場合、相応の権限者の承認の下に行われるのが通常です。しかし承認手続が整備されているにもかかわらず、油断をすると売却価値のあるスクラップをめぐり、悪しき者が暗躍することがあります。

1. スクラップは腐っても鯛

スクラップといえども、経済的な価値が残っていれば売却の対象となります。工場や事務所の片隅に放置したままにして、ずさんな管理をしていれば、それらはいつの間にか横領の対象となり、第三者に売却されてしまうかもしれません。事業上は販売の対象とはならないものの、市場性があり経済的な価値に基づいて、売却できる限りは別に管理し、倉庫や所定のスペースに保管しておくことが大切です。

2．不正の「ツボ」が口をあける

それでは売却価値のあるスクラップが適切に保管、管理されているにもかかわらず、どのような場合に不正の「ツボ」が口をあけるのでしょうか。みなさんの会社の現状を踏まえ、次の問いかけに答えてみてください。答え方によっては不正の「ツボ」が口をあけます。

①　売却先の見積書は最低でも2社、もしくはそれ以上の複数社から入手していますか？
②　見積書を提出する業者の顔ぶれが固定されていませんか？
③　見積書は、担当者に加え、上席者など別の者が必ず検証し、市場の単価に比べ、高いと感じた場合は、業者に問い合わせをする仕組みがありますか？
④　売却の際には、担当者だけでなく複数人が立ち会いをしていますか？
⑤　売却代金を現金で受け取ることはありませんか？
⑥　売却の担当者と、売却の経理処理や在庫記録の担当者が同一になっていませんか？

3. 不正の「ツボ」を叩け

前述の質問を踏まえ、スクラップを用いた不正が起きる「機会」をことごとく取り除き、前もって不正の「ツボ」を叩いておきましょう。質問に基づき、一つずつ解説していきます。

① 売却先の見積書は最低でも2社、もしくはそれ以上の複数社から入手する

製造に要したコストをできるだけ回収するには、高い価格で売却できるのに越したことはありません。見積書は必ず複数社から入手しましょう。一社だけの見積書では市場性が明らかにならないのはもちろんのこと、担当者が業者と結託して意図的に高い価格の見積書を提出させ、キックバックをはたらく懸念さえあります。キックバックとは、担当者が業者に対して意図的に通常よりも高い価格の見積書を作成させ、高く支払われた差額分を、後日業者から担当者が受け取ったり、業者と分け合ったりする悪質な不正行為をいいます。

②　見積書を提出してくる業者の顔ぶれが同じになってはいけない

業者の顔ぶれが偏り、あるいは同じになる、こうした徴候には注意が必要です。業者側で結託して価格を操作してくる恐れがあるからです。はなはだしい場合になると、売却を引き受ける順番まで結託して操作することもあり得るため、業者が偏らないように注意しましょう。加えて顔ぶれが固定的になると、会社の担当者との癒着が起きやすくなるのも事実です。売却が定期的に発生する場合には、担当者のローテーションを行い、癒着の「機会」をあらかじめ排除しておくことが求められると思います。

③　見積書は、担当者に加え、上席者など別の者が必ず検証する仕組みを持つ

見積書の金額が妥当かどうか、担当者まかせにしてはいけません。必ず直属の上司か経理部門などの担当者が複数で金額の妥当性を検証しましょう。そして疑義ある場合には、担当者ではなく業者に直接問い合わせを行って確認すべきです。こうしたことは、製造コストの回収はもちろんのこと、業者による結託を防止し、癒着やキックバックの牽制にもつながってきます。

④　売却の際には、担当者だけでなく複数人が立ち会う

売却物の引き渡しの際には、担当者だけでなく複数人が立ち会うこと。不正を行う悪しき者は、立会人がいないことをよいことに、見積書に記載された以上の数量や記載にない他の物まで業者に渡し、その分の代金を横領してしまうことがあります。まったくの油断もできないとはこのことです、必ず他の者を立ち会わせるなどして、複数で引き渡しを行うことが必要です。

⑤　売却代金を現金で受け取ることはしない

現金を直接取り扱う機会は、スクラップの売却に限らず、他の場面でもできる限り排除しましょう。単純な話ではありますが、売却した代金を担当者が業者から受け取り、刹那的に持ち逃げすることさえあります。早晩発覚するのをわかっていながらも、受領した代金を着服することさえ起こります。まさか日本ではそんな前後を考えない短絡的な行動などはあり得ないと感じるかもしれませんが、それはあくまで日本の中での限られた狭い常識です。

⑥　売却の担当者と在庫の帳簿管理や売却の仕訳を計上する担当者をきちんと分ける

売却の担当者が同時に在庫の帳簿記録や売却の仕訳を計上することができれば、売却にかかわる見積書などを改ざんしたうえに、発覚しないように在庫の帳簿を偽り、経理の仕訳処理まで操作することができます。相互牽制の視点から、必ずこれらの業務は分担して他の者が行うように仕組みを構築しましょう。

4．不正の門が開く瞬間とは

みなさんは、不正の門が開く瞬間とはいつだと思いますか。それは一人の担当者を過度に信用して、もっぱら業務を任せきりにしてしまう、まさにその瞬間です。不正に向かう危うい瞬間を迎えることがないようにするため、気づきを与えるのが前述の問いかけでした。そして前述の問いかけに対する回答の多くに、相互牽制の仕組みが含まれていたことに気づいたことと思います。

根拠もなくいたずらに業務を分担することは、効率性の観点からいって愚かしいことであり、忙しいみなさんの現場では決して支持されることではないということは、これまで繰り返し述べてきました。他方で業務をもっぱら一人に委ねて効率性をできる限り高めるという考え方も、緊急の場合は別として極端に走りすぎ、不正を招く結果となりかねません。相互牽制の仕組みとその趣旨を十分理解したうえで、牽制機能をデザインすることが求められています。

言ってみれば、相互牽制とは、不正防止と非効率の回避というもろ刃の剣の瀬戸際で、かろうじて均衡を保つ、やじろべえのごときものかもしれません。みなさんの実務上のバランス感覚が今ほど求められている時はありません。

災いを転じて福となすには

すでに耳にしたことがある方も多いと思いますが、タイは世界の工場であると言われています。外国からの進出企業に対して様々な優遇措置を展開することから、世界中から名立たる多くの優良企業や工場がさかんに進出し、そこでは多くの現地従業員が働いています。

２０１１年にチャオプラヤ河が氾濫、タイ北部に展開していた工業団地が軒並み水没し、日本企業も大打撃を受けたことを記憶されている方も多いと思います。動物園からワニが逃げ出したといった流言飛語が飛び交うなか、一階が水没した工場の二階の窓際にボートを横づけして、大切な文書を運び出したという話を、ある会社の社長から聞かせてもらったことがあります。

こうした苦い経験から、最近では北部への展開を避け、首都バンコクの東南部に工業団地が展開する傾向があると言われています。バンコクは国際都市ですが、ひとたび地方に向かえば、僧侶が子ゾウを伴って托鉢する牧歌的な光景に出会うことができます。

1．サイクルカウントによる実地棚卸

洪水騒ぎの後、タイに進出した或る会社は、本社を軸に自動車部品を供給する複数

の営業拠点を展開していました。地方に散在する傘下の営業所には中規模な倉庫が併設され、安定的に自動車部品を供給する拠点としての機能を果たしていました。倉庫に保管される部品在庫には、本社が日頃から厳しい管理の眼を光らしていました。資産管理の一環として行われる実地棚卸は、循環棚卸の方法を採用して毎月実施するほか、本社から抜き打ちで担当者が訪れ、限定的に棚卸が実施されることもありました。

① 循環棚卸と一斉棚卸

実地棚卸のなかでも、入庫、出庫による在庫の移動を一時的にすべて止め、その数量を数える方法を〝一斉棚卸〟と呼んでいます。一時的にも業務が滞るために頻繁に行うことはなかなか困難です。これに対して〝循環棚卸〟は、在庫を種類別あるいは保管場所別に分けて、毎月部分的に棚卸をコツコツ実施し、一年間をもって棚卸を完了させる方法です。棚卸が暫時、部分的に実施されるため、業務に滞りが発生することが少ないと言えます。

②　多品種少量製品と循環棚卸

この会社が取り扱う自動車部品や部材などのように、製品が多品種かつ少量である場合、一斉棚卸より循環棚卸の方が適していると考えられます。循環棚卸は別称、サイクルカウントとも言われ、身近なところでは街のコンビニアンス・ストアで用いられています。コンビニは年中無休が常識、一斉棚卸で休業することは、まず聞いたことがありません。多品種少量製品を扱う会社では、このサイクルカウントの導入を検討することを薦めます。

2．悪しき行為のからくりは

ある日、顧客から本社に不可解な照会の電話が入りました。それは、「御社の製品が現在の取引価格よりも破格な安価で販売されているが、最近キャンペーンで一斉値引きをはじめたのか？」という問い合わせでした。販売価格はすべて本社で利益管理が徹底されているため、営業所で自由に価格の決定や値引きはできません。まして一斉値引きなどは全く寝耳に水でした。さっそく営業マンが顧客のもとに駆けつけて実物を確認したところ、それは当社の製品に間違いありませんでした。製造番号により販売した営業所を特定し、営業所長がさっそく調査に乗り出しました。

調査の結果、製品は顧客先に出荷されたものの、出荷担当者によって、システムから発行された請求書がすべて取消され、売上の計上が回避されていたことがわかりました。さらに顧客のもとに到着した製品は、出荷担当者と顧客が結託して、すべて横流しされていました。会社にとって幸いだったことは、横流しされた製品がたまたま別の顧客の眼にとまり、問い合わせによって悪しき行為が判明したことでした。

3. 効率化の名の下に不正の「ツボ」は放置され

各営業所の倉庫部門では、業務を効率化するために、出荷担当者は製品を出荷するだけでなく、出荷後に請求書をシステムから出力して顧客に送ることも兼ねていました。

もう少し具体的に言うと、出荷担当者は、営業部門から送付された出荷指図書に従って製品を出荷します。更にシステムに出荷の完了を入力して請求書を出力、営業所長の承認を経て、顧客に請求書を送付していました。各営業所に経理部門はなく、毎月の売上は営業所長から本社に伝達され、顧客による入金の遅延などは、本社の経理部門が一括して対応していました。

みなさんはすでに不正の「ツボ」がおわかりだと思います。それは、出荷担当者が請求書の発行を兼ねていたことに他なりません。出荷担当者が製品を出荷する権限に加えて、代金を請求する決定権まで持ち合わせるということは、請求を操作して製品を詐取するという不正の「機会」を手にしていることと同じです。本社は、営業所の出荷業務と請求業務を同一者に兼務させ、効率化を実現しようと試みましたが、その試み自体が不正の「ツボ」を生み出す結果となりました。効率化の意図は仕組みの欠陥によって悪用されたことになります。

4．部門間による相互牽制と経営資源の分担

出荷する権限を持つ担当者が、請求書を発行して売上を計上する権限を併せ持つ仕組みの下では、担当者にみすみす不正の「機会」を与えてしまいます。同一者が権限

を併せ持つのではなく、担当者の間で権限を分担しなければ、不正の「機会」を排除することはできません。この営業所の場合でいえば、出荷担当者は、出荷の業務のみを行い、出荷後の請求書の作成や売上の計上は、別の部門の担当者が行う仕組みを設計しなければ、売上の操作による製品の横領を撲滅することはできません。

不正事件の後、会社は、各営業所で売上を計上して本社に報告するという仕組みを廃止しました。営業所の仕事は顧客からの受注とそれに基づく出荷作業のみとなり、請求書の発行はすべて本社の経理部門に集中するという改善を行いました。在庫の横流しという不正に対する相互牽制を本社と営業所の間で構築したのです。結果として、経営情報は本社に、資産は営業所にそれぞれ集中させ、経営資源の点でも分担による牽制の仕組みを構築したことにもなりました。効率に重きを置いたばかりに招いた災いを巧みに福に転じた好例です。

第三章のポイント

1. 営業部門の担当者は、倉庫における出荷業務を兼ねてはいけません。もし兼ねれば、営業部門担当者による製品の横流しと着服のリスクは高まり、会社資産が横領の危険にさらされます。

2. 実地棚卸を円滑に効率的に実施することも重要ですが、その反面、相互牽制の仕組みに基づいて大切な資産を保全する視点を忘れてはいけません。

3. 出荷担当者が、請求書を発行して売上を計上する権限を併せ持つことは、大切な社員を経営者自らが不正の「ツボ」に追いやり、資産横領の不正の「機会」を与えることと同じです。

第四章

会社がモノを購入するとき

モノを購入する担当者が陥りやすい罠

会社が事業を行う上で必要なモノを購入する場合、従業員のだれもが自由に取引先を選び、注文をすることができないことは、言うまでもありません。仕入部門の担当者が一定の品質が期待できる企業を複数社選び、権限者が取引先を決定したうえで、取引先に注文を行うのが通常です。しかしこの取引先を複数選定する仕組みが欠けたり、注文が結果として特定の取引先に偏ったり、あるいは注文を担当する者が長きにわたってその立場にとどまると、様々な弊害をもたらすことになりかねません。

1．仕入部門の注文担当者と取引先

仕入部門で会社のモノを購入するため、取引先に依頼を行う注文担当者は、取引先にとってみれば大切な顧客の窓口です。注文担当者に気に入ってもらい長く取引を続けたいと考えるのは取引先の、いわば人情。さてそこで、みなさんがもし、取引先の営業担当者であり、長年付き合った大切な注文担当者から次のように求められたら、どのように返答しますか？　「今回の注文は御社にお願いするので、あらかじめ見積書には少し金額の上乗せをしておいてほしい。そして納品が済み、ウチの会社が支払いを済ませたらその上乗せ分を、別に現金で戻してほしいのだが」と頼まれたとしたら…。

取引先の営業担当者は、今後も大切な取引を続けてくれるのならば、と考えて躊躇なく承知するかもしれません。さらに注文担当者は、取引先にも上乗せ分の恩恵を約束して、共謀を持ちかけるかもしれません。こうした横領は一般的にキックバックと言われており、不正の「ツボ」に起きやすい典型的な不正行為です。

2．キックバックの摘発は難しい現実

キックバックは発覚しにくいと一般的に言われています。仕入担当者は取引先から注文の見返りを現金でもらうため、会社の中には痕跡が残らず、不正の跡が残らない

からです。会社が不正を推定するときの判断材料となるものは、発注単価にキックバックの上乗せ分が含まれるために、発注金額が比較的高いのではないかという、漠然とした印象を持つこと、そして取引先が偏ること、見つけられたとしても、せいぜいこの程度の徴候しかありません。加えて不正のシグナルともいえるこうした傾向は、日頃から注意をしていないと見逃されやすいものです。予兆や証拠がつかみにくいため、不正行為が実際にあったかどうか、あくまで推定や疑いにとどまらざるを得ないのです。

不正が疑われる実行者を個別に呼び出して詰問することにしても、明確な証拠がないため、易々と否定されたうえに、開き直られて逆に名誉棄損で脅されかねません。他方日頃から材料や物品を安定して提供してくれる大切な取引先に疑いをかけることも、今後の円滑な業務に支障をきたしかねません。もし仮に、取引先に照会をかけたとしても、取引先の担当者がキックバックに手を染めていれば、言下に否定されてしまうに違いありません。

こうして注文をする会社側にとっては、疑念をもっていたとしても摘発には困難を伴うということになります。

しかし会社側にとっては困難であっても、取引先に国の税務調査が入り、キックバックがあっさり発覚してしまう場合もあります。口座や帳簿に残された注文担当者への支出に証憑などの支払証拠がないために、税務署員に詰問されることで取引先があえなくつかまり、キックバックが発覚するということも実際に起きます。

3．担当する期間が長い注文担当者と取引先との癒着

なぜこうしたキックバックがおきてしまうのか、その理由の一つとして挙げられることは、注文担当者の担当期間が長いことにあります。取引先との長い付き合いによって、知らぬ間に取引先と担当者との間に慣れあいの関係が構築されること、これが不正の「ツボ」です。このまま放置していると不正の芽がやがては芽生えてしまいます。防止対策として求められるものは、まず仕入部門内の複数人のなかのジョブローテーションが挙げられます。

次に部門間の定期的な異動で対応します。更に仕入活動に関する倫理上の教育を施

すこと、そしてルールを徹底するための指導も怠ってはならないでしょう。注文担当者の調達に関わる専門的な知識や経験は、一長一短に身につくものではないため、仕入部門の管理者の中には担当者の定期異動になかなか踏み切れないと反対する者もいます。しかし定期異動は仕入部門が不正の温床となることを避けるだけでなく、担当者により広い業務経験をもたらす恩恵があることも踏まえ、中長期的な見地に立ってこうした対応策を取り入れてほしいと思います。

ジョブローテーションや定期異動によって不正が起きる「機会」をあらかじめ取り除き、仕入活動に関する倫理教育を施すことで、不正を犯す者の身勝手な自己「正当化」の論理を断ち切ることができます。こうして大切な社員が不正に手を染めることを避け、不正の魔の手から護ります。

4. キックバックによる損害と罪の重さ

キックバックによる横領の期間が長きにわたることで、横領の回数が増せば、会社に与える損害額も多額に及ぶことになります。不正をはたらく者にとり、甘い誘惑に一度負けることが地獄への転落の始まりとなります。発覚によって会社からは民事上の責任として損害賠償責任を求められ、併せて刑事上も詐欺罪及び背任罪として法的責任が問われることにもなります。

こうした不幸に会社も担当者も共に、見舞われないためには日頃から不正の「ツボ」に睨みをきかせておくことが必要です。

主役と脇役を兼ねることはできない

ベトナムの首都ハノイ、早朝のラッシュ時の交差点は信号待ちのバイクで埋め尽くされます。クルマに乗っていると周囲に多くのバイクが行き交うため、衝突するのではないかと思わず心配になるくらい、激しい混雑ぶりです。２０１４年ピュー研究所（Pew Research Centre）の調査によると自動車保有世帯の割合は、近隣のタイ51％、マレーシア82％に比べるとこの国は5％と極めて低く、クルマの普及率は社会インフラと併せて遅れているという印象が否めません。

しかし早朝の出勤風景を見ているだけでも、逞しい成長の熱気を強く感じ取ることができます。長きにわたったフランス植民地時代もさることながら、その後に続いたベトナム戦争さえなければ、今よりはるかに発展した国になっていたに違いないという確信を持たずにはいられません。当然のことながら、日本を含む外資系企業の進出が今もさかんに続いています。

1. 購買担当者の多忙

ハノイ郊外にある工業団地の一画に陣取る電装機器の製造会社では、大量注文が相次ぎ、地元業界はにわかに活況を呈していました。製造部門は連日のフル操業で、早朝から各部門長による打ち合わせを行うために、担当者が忙しく駆け回っていました。生産計画を上方修正した結果、原材料の購入を担当する購買部門でも購入計画の修正を余儀なくされ、こちらも限られた陣容のなか、多忙を極めていました。前述した通り、仕入、購買部門の担当者は、製造に必要なモノを迅速に調達することが仕事であり、多くの取引先と忙しくやりとりをしていました。

2．購買部門責任者の妙案

みなさんの会社のなかで仕入や購買部門を持つところは数多くあると思いますが、部門の陣容は足りていますか？　この会社の購買部門の業務分担表を見てみると、取引先に注文を行う発注担当者と取引先が納品をした際に、数量をはじめ規格や品質を確認する検収担当者はそれぞれ分かれており、明確に分担されていました。しかし実際の状況を訊ねてみると、現状は業務分担表とは異なっていました。従来は分担ができていたにもかかわらず、市場の活況の影響で業務が多忙となったために、発注担当者が納品時の検収も併せて行うようになり、事実上の兼務が常態化していました。

さらに訊ねると、購買部門の責任者はこうした兼務の状況に危機感を感じ、妙案を講じていました。それは取引先が納品をする時に製造部門の担当者を立ち会わせ、購買部門の担当者と一緒に検収をさせるというものでした。人が足りずに発注と検収が同一担当者とならざるを得ない時は、購買部門の担当者と製造部門の担当者を一緒に検収させて、相互牽制を働かせることができると考えたのです。

3．発注と検収をなぜ分離するのか

多忙のために発注と検収を同一の担当者が兼務せざるを得ないようになった時、購買部門の責任者はなぜ危機感を覚えたのでしょうか？　そもそも、なぜ業務分担表にある通り発注と検収の業務を分担させなければいけないのでしょうか？　一見して二つの業務を同一者が兼務すれば、極めて効率的であると考えがちです。しかし、発注と検収を同一者に兼務させてしまうと、後述するように多くの不正の「ツボ」を生み出すことになりかねません。購買部門の責任者は、こうしたことを敏感に感じ取り、製造部門の助けを借りるという妙案を考えついたのです。

4．発注と検収を同一者が実施すると

取引先にモノの購入を依頼する発注業務と納品時に数量など内容の確認を行う検収

業務は、それぞれ別の担当者が行うという原則は、実は相互牽制という点で非常に重要です。この原則をないがしろにすると、不正の「ツボ」に芽が出て、更に放置したままにしておけば、次のような事態が起きるおそれがあります。

①　発注数量より少なく納品させて検収を偽る

注文書に基づいて発注した正式の数量よりも、実際には少なく納品をするように取引先に指示したうえ、発注通りに納品があったかのように検収を装います。会社が取引先に支払った後、差額を取引先から戻して、横領するという不正行為が起こります。そもそも検収を別の担当者が行っていれば、発注者との間で相互に牽制がかかり、不正の「機会」は容易に排除できます。購買部門の責任者は、こうした不正が起こりうる可能性をいち早く感じ取っていたのです。しかし多忙により発注と検収を同一担当者に任せざるを得ない状況から、製造部門の担当者を検収に立ち会わせ、同一担当者を牽制するという方法をとったわけです。

② 架空の発注と検収を装う

実際には存在しない架空の注文書を作成し、結託した取引先に発注した後、偽りの検収書を作成します。不正の実行者は、偽造された請求書によって取引先に支払われた代金の返金を後日受け取るか、取引先と分配して会社の資金を横領します。架空の発注は、資材を調達するための購入計画と照合すれば、すぐに架空であることがわかってしまいます。

そこで不正を企む悪しき者は、あらかじめ計画に反映されていない臨時で少額の発注を装います。金額的に目立たないことから、繰り返し行われるために、発覚が遅れて不正が慢性化するおそれがあります。こうした不正も発注者と検収者を分けていれば、避けることができるはずです。

③ 発注書に余計な発注を書き加える

発注もしていない余計な内容を発注書に加えて発注します。納品に際しては、余分な発注分の納品先を会社の倉庫とは異なる場所に指定します。検収を完了させた後、余計に発注したものを転売して私腹を肥やすおそれがあります。

5. 主役と脇役を兼ねることはできない

発注を行う立場にある担当者は、取引先にとってみれば営業活動の窓口になるため、取引先に対して自身の意向を反映させやすく、強い影響力を持ちます。芝居に例えれば主役にあたります。取引先に注文を行う者が主役ならば、検収は脇役ということになるでしょうか。発注を担当する主役に脇役がつとめるべき検収の役割までも与えてしまうことは、不正の道を易々と開くことに繋がってしまいます。ゆめゆめ、主役が脇役を兼ねることがあってはいけません。主役と脇役を明確に分担し、検収によって受け入れたモノのみ、経理部門が支払いを行えば、不正の入り込む余地はありません。発注、検収そして債務の支払いを適切に分離、独立させておくことが大切です。

発注から検収までの権限を、同一者に与えたからと言って、直ちに不正が起きるとは限りません。しかし、不正の「機会」は放置され、不正の「ツボ」が口を開けたまま、危険な状況が継続していることを忘れてはいけません。条件さえ整えばいつ不正が起きても不思議ではありません。こうした危うい状況に晒された社員の立場になってみれば、自分は不正に手が届く立場にいることを知りながら、不正の「ツボ」に飲み込まれないように、寸でのところで踏みとどまり、倫理というか細い糸にすがりつき、日々葛藤しているかもしれません。経営者は、不正の「機会」を放置したままにして、大切な社員を苦しめ、不正の「ツボ」に追いやってはなりません。改めて購買部門の責任者の知恵に学ぶべきです。

懐かしい取引先は架空取引の相手

冬はいつも厚い雲に覆われ、なかなかお日様を拝むことが難しくなる欧州北部。オランダのアムステルダム郊外では、幅のない水路が凍結して近所の子供たちがスケートに興じていました。オランダの伝統的な家々の窓枠は、白く縁どられ、こじんまりしたところがなんとも可愛らしく感じられます。有名な印象派の画家が描いた跳ね橋を見ることができ、早春の時期には素晴らしい新緑が広がる地域でもあります。

この地域に事業の拠点を求めた縫製工場がありました。従業員は国内に点在する営業部門を含めても１００人に満たない規模の会社ですが、職人による縫製技術は評判が高く、個人のオーダーメイドから軍服や業務用の制服までを手掛ける伝統あるオンリーワンの会社でした。

１．取引先を多く抱える伝統の会社

現在のオーナー社長の曽祖父が個人で興し、細々と営んだ縫製事業は、戦争などによる特需の度に成長を続けて今に至りました。素材には徹底してこだわるという社訓は今も脈々と引き継がれています。取引先が生地を納品する際には、検収担当者のほかに社長も必ず出席して厳しい注文をつけます。取引先が眉を顰めるくらい素材にこだわり、妥協をしないことから、取引先は数え切れず、経験の浅い仕入担当者ではすべてを把握することは困難なくらいでした。

2. 取引先の選定と整理

この章の冒頭で確認をした通り、一般に会社がモノを調達する時には、仕入や購買部門、時には総務部門が取引先を適切に選定していると思います。経営状況が安定しており、品質が保証され、安価で納期を守り、信頼のおける取引先が選ばれているにちがいありません。そして緊急や特別の事情などがある場合は別にして、選ばれた取引先以外の会社との取引は認められないと思います。

この縫製会社の調達方法も全く同じですが、課題も抱えていました。たくさんの取引先をシステムに登録しており、なかには取引が途絶えて何年も経過した会社、すでに廃業や倒産した取引先もありました。このためシステム担当者が、取引先の棚卸を行い、整理を試みましたが、取引先の多さにこだわるオーナー社長の意向もあり、なかなか進捗を見ていませんでした。

3. 懐かしい取引先と罠

経理を取り仕切る女性部長は、先代社長に仕えた長い社歴の持ち主でした。その彼女が今月の支払先一覧を確認していたところ、懐かしい取引先があることに気づきました。その取引先は、先代の社長が取引を始めたベルギーにあるアパレル会社で、社長の代替りとともに取引が途切れていました。そこで社長に取引が復活したのかどうか尋ねてみたところ、そうした経緯はありません。更に仕入部門に確認しても、確かに今月に仕入を行った経緯はありませんでした。そこで取引先の口座を確認したところ、ベルギーにあるはずの取引先の口座が、なぜかオランダ国内の金融機関の口座になっていることがわかりました。経理部長は不審に思い、経理部門の支払担当者を問い詰めたところ、不正支出が発覚しました。

4．懐かしい取引先との取引

発覚したのは経理部門の支払担当者が仕組んだ架空取引でした。架空の取引先を新たに登録するには、さまざまな登録書類を偽造しなければならないために、それはまず困難でした。そこで悪しき者が企んだのは、既存の取引先のうちで、ここ数年来取引が途絶えて、目立たない会社の振込口座を自身の口座に変更し、偽造した請求書を使って、会社に代金を振り込ませるというものでした。運の良いことにＩＴ担当者による取引先の棚卸は、遅々として進んでおらず、易々と登録情報を書き換えて、企てを進めることができました。

ただし、それは古参の経理部長が支払先一覧に懐かしい取引先があることに気づくまでのことでした。

5．支払担当者に取引先の情報を加工する権限はない

経理部門では取引先の代表者や取引口座などの変更があった場合、支払手続を円滑にするために、支払担当者や責任者が、システム上で取引先情報を変更する権限を持っていました。取引先への支払いが遅延することを避け、すみやかな支払手続を進めることができる点では、効率的な方法だったかもしれません。しかしその反面、実際には仕組みの本来の意図や目的を逆手に取った不正が行われていたのです。ひとたび支払担当者に支払先の取引口座を変更できる権限を許せば、本来の意図はどうあるにせよ、仕組みの上では会社の資金を横領できるという不正の「機会」を与えるのと同

じことになります。支払担当者は、仕組みの設計者の意図を逆手にとり、古い取引先の口座を自身の口座に不正に変更したのです。会社の仕組みの設計が甘かったと言わざるを得ません。支払担当者が持つ支払権限と支払先の情報を変更する権限は、決して同一者が持ってはならず、必ず分離して、分担する仕組みを作らなければなりません。

事件以降、この会社では、取引先の新規登録、変更や削除を行う権限をＩＴ部門に限定することを検討し始めました。加えて取引先の新規登録、変更や削除には申請書の作成を義務づけ、社長の承認を求めるというルールづくりにも併せて着手しました。もう支払担当者が取引先の情報を加工できる権限を持つことはありません。

6．相互牽制とめざすべき仕組みの構築

経理部門で取引先に支払手続を行う責任者や担当者は、支払権限のみを持ちます。取引先の情報を加工する権限を持つことのない仕組みを構築し、不正を起こす「機会」をあらかじめ取り除きます。後日聞くところによれば、この会社では、取引先の棚卸

を終え、最新の取引先がすべてマスタに収まったとのことでした。更に取引先の新規登録、変更や削除はすべて申請書に基づき、社長の承認を必要とするルールを定めたうえで、取引先の情報を加工するシステム上の権限をＩＴの責任者に限定したということでした。

こうして取引先の情報管理と支払手続が権限上、完全に切り離され、ＩＴ部門と経理部門の部門間での相互牽制を行う仕組みが実現できました。くれぐれも支払担当者が支払権限に加え、支払先の情報を自由に扱う権限を併せ持つことのないよう、適切な制度設計をこころがけてほしいと思います。

最後にひとつだけ付け加えます。それは取引が途切れた取引先の管理です。今回の不正にも利用されましたが、使われずに目立たない取引先がいつ、誰によって不正を行うために悪用されるとも限りません。悪用を避けるために、棚卸を定期的に実施すべきです。定期的な棚卸の際に、取引が一定期間途絶えたものは、いったん取引先一覧から退避させ、更に一定期間待っても取引がなければ削除することを検討しましょう。

第四章のポイント

1. 注文担当者と取引先との長い付き合いによる慣れ合いの関係が、不正の「ツボ」になります。注文担当者のジョブローテーション、定期的な異動そして仕入活動に関する倫理上の教育が対策として必要です。

2. 取引先にモノの購入を依頼する発注業務と納品時に数量などの確認を行う検収業務は、複数人で相互に分離、分担します。相互牽制の原則は、仕入にまつわる様々な不正の「機会」や芽を排除する上で非常に有効です。不正の「機会」や芽を知りながら、手当もせず放置した結果、不正が起きれば、それは経営者の責任に他なりません。

3. 経理部門で取引先に支払を行う責任者や担当者が、取引先の情報を操作できない仕組みを構築し、不正を起こす「機会」を社員から遠ざけることが必要です。

第五章

支払先を用いて企てる

便利なインターネットバンキングの罠

中東のドゥバイ国際空港に到着した時は、ラマダン（断食）の期間中でした。日没とはいえ、まだ砂漠の街の気温は高く、まるで隣に暑さが佇んでいるかのごとく、肌に強い圧迫感を感じました。乗り込んだタクシーの運転手は、日没とともにラマダンの終了を告げるラジオを聞き、ミネラルウォーターを美味しそうに、喉を鳴らして飲んでいました。

ラマダンの期間中は、イスラム教とは無縁な外国人ですら、日中、公共の場で水を口にすることを憚る必要があります。不用意な振る舞いは、警察に補導される恐れがあるからです。外国人向けにこうした注意を促すメモがホテルの部屋に置いてあることもあります。

1．インターネットバンキングによる支払業務

ドゥバイには、税制をはじめ、さまざまな優遇措置の恩恵に浴することができるフリーゾーンと呼ばれる地区があり、多くの外資系企業が進出していました。そのなかには、進出が相次ぐ日系企業から、給与計算を数多く受託する会社がありました。その会社の財務部門を訪ねると、新任のサブマネージャーが対応をしてくれました。彼はちょうどインターネットバンキングを使って、取引先への支払業務に追われているところでした。

みなさんの会社でも取引先への支払に、インターネットバンキングを活用する機会が多いと思います。金融機関の窓口に出向く必要はなく、自席のパソコンからインターネットを介して支払ができるために、非常に便利で会社のみならず個人も含めて、その活用は今や常識となっています。

2．不用意な引き継ぎとインターネットバンキングの罠

最近、この便利なツールが悪質なウィルスに狙われているというニュースや関係者

の話をよく耳にします。ウィルスワクチンによる防衛策はもちろんのこと、ＯＳなどの基本ソフトを最新に保ち、金融機関の提供するインターネットバンキングのソフトを更新することも忘れずに実施しておくことが求められます。

さて、ウィルスによる悪事に対する対策はさておき、ここでは人による不正の撃退法が話題の中心です。サブマネージャーは私と仕事の用件を済ませると、コーヒーを勧めながら同じ業界で最近起きた、ある不正事件について話してくれました。それは経理担当者がインターネットバンキングを使って、請求をはるかに上回る金額を、結託した取引先に支払い、持ち逃げをしたという事件でした。なぜそのようなことができたのか、それは上席の経理マネージャーがしばらく出張をするため、支払手続が滞ることを懸念して経理担当者に自身が管理するＩＤとパスワードを伝えていたのが原因でした。

3．インターネットバンキングの罠にはまるな

更に話を聞いてみると、その会社のインターネットバンキングの日頃の活用方法に

は問題がないどころか、まったく非の打ちどころもありませんでした。ただし、経理マネージャーが経理担当者に自分のＩＤとパスワードを伝えてしまうところまでは…。インターネットバンキングを適切に用いるためには、端末に取引先への支払データを入力する担当者と入力した内容について支払命令を行う承認者をそれぞれ分け、業務を分担することが必要です。なにより、これがインターネットバンキングを利用する上での大前提です。この前提を守れない会社は、インターネットバンキングを導入しない方がよいと断言できます。

同一者が両方の業務を兼ねることができたために起きたのが、今回の不正事件でした。経理担当者は、取引先からの請求内容を正確に入力する、そして承認者が入力の内容と実際の請求内容が一致していることを確認して支払命令を行う。こうした相互の牽制の仕組みを成立させるには、物理的に2台の端末が必要になるはずです。

この不正事件が発生するまでは、一方の端末から経理担当者が請求書の内容を入力し、他方の端末では経理マネージャーが入力内容を承認し、支払命令を実施していました。つまり、お互いの業務を確認し合う相互牽制が適切に働いていたのです。

4．IDとパスワードを厳重に管理する

インターネットバンキングによる支払業務をするには、自分のIDとパスワードが必要です。経理マネージャーも経理担当者も日頃から自分のIDとパスワードを厳重に管理し、他に知らせることはありません。それは、支払を実施するために必要なIDとパスワードが盗まれ、悪用されることがあるからです。そのため、IDやパスワードは、本人が厳重に管理しなければなりません。

しかし理由はどうあれ、今回の不正事件では、経理マネージャーが、経理担当者に自分のIDとパスワードを伝えてしまったことが致命的な過ちでした。支払命令を実施するIDとパスワードを、お互いに牽制し合うべき担当者に漏らしてしまっては、相互牽制の仕組みをみずから瓦解させ、最後の砦を明け渡したのも同然です。それはちょうど自分が守るべき城の地図を敵将に漏らすのと同じくらい軽薄な行為でもありました。

もちろん経理マネージャーにとっては、経理担当者を個人的に信頼したうえでの行動だったのかもしれません。しかしこうした個人的な信頼が不正を防止する盾として

働くことが、決してないことはすでに説明した通りです。出張に限らず、不慮の事態に備えて支払が滞らぬように自分のＩＤとパスワードを引き継いでおくことは、とても重要なことです。ただし、今回のように個人的信頼に頼り、引き継ぐべき相手を間違えてはなりません。経理担当者は、経理マネージャーの個人的信頼に応えるどころか、それを裏切り、不正の「機会」に便乗して支払命令を実施した挙句、逃亡したのです。ＩＤとパスワードの引き継ぎには、社内で取引先への支払業務に直接の利害関係を持たず、中立性を期待できる他部門の権限者を選ばなければなりません。たとえば、経理マネージャーの立場であれば、総務部門やＩＴ部門の権限者などへ一時的な引き継ぎを行うべきだったと考えられます。

さらにインターネットバンキングの使用には、他にも次のことに注意を払うべきです。

①　ＩＤとパスワードを付箋やメモに記載して、机の上など見えるところに放置しない。

② 定期的にパスワードを変更する、これはウィルス対策にも有効です。
③ 支払手続の実施中に長く離席して、不用意に、支払手続とは無関係な者に情報が漏れる機会を与えない。
④ ①②の管理のほかに、インターネットバンキングを利用する都度、パスワードを生成できるワンタイムパスワードの仕組みを利用することを検討する。

インターネットバンキングは、相互牽制を前提とした利便性の高いツールですが、支払にかかる権限を兼務したり、日頃から留意すべき事項を適切に守らないと不正をはたらくための絶好のツールとなりかねない危険性を併せて持ち合わせています。入力と承認の相互分担、ＩＤやパスワードに関する情報を秘匿することなどの基本的なルールを遵守することで、インターネットバンキングというもろ刃の剣を使いこなし、決して社員が不正の「ツボ」に陥らぬようにしてほしいと思います。

架空従業員に給与を支払う

そこは香港から珠江を遡った中国の内陸部。半導体を製造する工場は、高い賃金を求めて地方から出てきた若者たちが、労働力の中心となって運用されていました。若者たちは、目先の賃金の高さによって、働くところをクルクルと変えてしまうため、会社が一生懸命になって彼らに技術を習得させても、慣れるころにはいなくなってしまうことがたびたび起きました。そのため工場は慢性的な人手不足に陥り、なかなか解消が進みませんでした。

若者たちにとってみれば、家族への仕送りや田舎ではめったにお目にかかれない都会の食事や奢侈品の数々を見るにつけ、少しでも高い賃金を求めて浮遊したくなるのも、わからないことではありません。

1．正確な給与計算と外部委託

月末に集中する給与計算事務、それに加えて従業員が常に入れ替わるために計算ミスや漏れが頻発しました。給与計算担当者への負担を解消し、ミスを回避するため、会社は給与計算を外部業者に委託しました。正確で計算漏れのない委託業務の手順は次の通り実施されていました。

毎日パンチカードに記録された従業員の勤務時間は、給与システムに転送され、蓄積されます。毎月末に総務部門の人事担当者は、システムに蓄積された従業員の勤務データを所定のエクセルシートに落とし込み、人員の増減を確認して総務部長に承認を仰ぎます。承認後、人事担当者は、外部委託業者のホームページを介して勤務データを送付して、給与計算を依頼します。外部業者は期限までに委託された給与計算を実施し、給与明細書を人事担当者に提出します。経理部門は、人事担当者から引き継いだ給与明細書に基づき、支払手続を行います。以上の手順が毎月守られていました。

2．架空従業員への給与振込

経理部門では、総務部門から受理した給与明細書に基づき、従業員の各口座に振り込みを行っています。ある日、振込手続をするために給与支払先の一覧表を見ていた経理担当者は、既に退職した従業員の口座に振り込み手続がされていることに気づきました。この担当者は、偶然退職者と同郷の仲であったため、それが既に退職した従業員に名を借りた不正な支出であることに気づいたのです。退職者を給与システム上の登録に残し、あたかも勤務実績があったかのように勤務時間を不正に書き加え、口座は自身のものに変更して、振込をさせるという手口でした。経理部門では、不正な支払を防止するために、支払先の従業員の情報をシステム上で追加、変更する権限が一切認められていませんでした。このため口座の情報を不正に書き換え、あたかも働いていたかのように労働時間を偽装したのが、総務部門の人事担当者であることは明白でした。

3. 不正の「ツボ」が復活

従来は総務部門の人事担当者が、従業員の入社・退職の手続きを行い、従業員データの追加、変更そして削除をＩＴ部門に依頼をしていました。つまり人事担当者が勝手に従業員情報を登録、変更や削除をできないように、総務部門とＩＴ部門との間で相互に牽制を図っていました。これこそ本来のあるべき姿でした。しかし従業員の入社・退職が頻繁化するにつれ、ＩＴ部門へのデータの登録や削除の依頼が遅れがちになりました。このため給与計算に悪影響がないように、人事担当者にシステム上で従業員の情報を編集する権限や勤務時間を記録する給与システムへのアクセス権限を与えたのでした。こうして不正のツボが復活を遂げました。本来なら決して与えてはいけない権限を与えた結果、起きるべき不正が起きたともいえましょう。

4. 業務は効率化し、不正は慢性化する

給与計算を担当する人事担当者に従業員情報を編集する権限や給与システムへのアクセス権限を与えた理由が、給与計算に悪影響を及ぼさないためだとしても、決して

適切な対応とは言えません。給与計算に関わる人事担当者が、支払先の従業員の情報を自由にできるとしたら、今回の事件が起きることは容易に想像ができます。つまり、自分で支払先を自由に追加、変更できるのです。仕組みを悪用して憚らない不正が起きることは、火を見るよりも明らかです。

業務の生産性を高め、効率化を行うことは企業活動を展開するうえで、とても大切なことです。しかし、それが不正の「ツボ」に関わるならば、生産性や効率化の議論とは全く別の話です。新しい仕組みを導入した結果、業務の生産性は高まり、効率化も実現できましたが、不正は頻発化、一層慢性化しています。これでは笑い話にもなりません。

5．業務の効率化と不正の「ツボ」

給与計算に関わる担当者は、支払手続を担当する経理部門と同じように、支払先の情報を自由に編集する権限を持ってはいけません。必ず切り離し、ＩＴ部門にその権限を担当させ、相互に部門間で牽制を図るという仕組みを設計することが大切です。

さらに支払先の登録、変更と削除のためには、必ず承認が求められる申請書を作成することも義務づけましょう。なぜデータを登録、変更そして削除したのか、後から検証をするためには、根拠や理由を記録した文書や証拠を残すことを忘れてはならないからです。

補足ですが、人事担当者は、従業員の個人データを編集する権限に留まらず、勤務時間を記録する給与システムにアクセスする権限まで持っていたことを考えると、自分のシステム上の勤務記録をも不正に書き換えることができたことになります。つまり、自分の勤務記録に架空の残業時間を書き加え、お手盛りによる給与支払をする危険すらあったということです。業務の効率化を求めるにあたり、ひとりの担当者に様々な権限を付与せざるを得ない場合、不正の「ツボ」に対する十分な配慮と熟考も併せ行わなければならないという大切な教訓を、この事例は如実に示していると思います。

第五章のポイント

1. 経理担当者は、請求内容を入力し、承認者は入力内容と実際の請求内容が一致することを確認して支払の命令を行います。インターネットバンキングで相互に独立した牽制の仕組みを成立させるには、厳重なパスワード管理と物理的に2台の端末が必要になります。

2. 給与計算担当者が給与支払先の情報を自由に登録、変更そして削除する権限を併せ持てば、架空従業員の登録による不正な支払が可能になってしまいます。こうしたことを避けるには、権限の分離と分担による相互牽制が求められます。

＜原則その2＞不正の経験を共有して学習する

＜原則その1＞を実践したにもかかわらず、仕組みの設計や実施の網をすり抜け、不正が起きてしまうことがあります。相互牽制や分担の知恵を使って、不正の「機会」を奪う転ばぬ先の杖が必要ですが、転んでしまった後も、やはり杖が必要です。

転ばぬ先は不正を予防する杖であり、不幸にも転んでしまった後は、経験から学ぶ杖がみなさんを支える必要があります。転んだ経験から学ぶことで、日頃の業務に潜む不正の「ツボ」に以前よりも敏感となり、おのずから対策を考えるようになるということを第六章では強調したいと思います。

もちろん＜原則その1＞を守ることで、できるかぎり転ばないことが一番よいというのは、言うまでもないことです。

第六章

酸っぱいレモンを
甘いレモネードに変える

宝の山の価値を知らぬ者

人はだれでも、できるだけ失敗を避け、成功裡に人生を送りたいと願うのが普通です。しかし失敗してつまずいた時、次は同じ失敗を繰り返さないため、なぜ失敗をしたのか、きっとその経験に学ぼうとするにちがいありません。さらに賢い人は自分自身の失敗だけでなく、他人の失敗にすら学びを見つけようとします。こうした失敗に対する学びの姿勢は、人も会社組織も同じです。

社長をはじめ経営層が並んで頭を下げ、集まったマスコミ陣からフラッシュを浴びて自社の不正を詫びる光景。みなさんは昨今繰り返される同じような光景に、きっとテレビの前で腹立たしい思いをしていると思います。不正や不祥事が起き、会社の苦いマイナスの経験を将来のプラスに転ずるためにはどうしたらよいのか、再発防止に向けた学びについて考えてみたいと思います。

みなさんの会社には、不正や不祥事あるいは社内の監査で指摘された事項をきちんと共有する仕組みがありますか？　関係部門や関係者だけが顛末《てんまつ》を承知して、あとは知らされず、済まされてしまうことはありませんか？　もしそうだとしたら、それは宝の山の持ち腐れ以外の何物でもありません！

1．宝の山は無駄にしない

相互牽制や分担の仕組みをはじめとして、不正の「ツボ」に陥らないための知恵や工夫が十分でないことから、不正や不祥事が起きたとします。あるいは、社内の監査で指摘された問題があったとします。こうした事項を包み隠さずにきちんと社内に周知し、社員の間で共有する仕組みを持っている会社は一体どのくらいあるのでしょうか？

多くの会社は、関係部門や関係者だけに留め、それ以外の部門や社員にはあえて知らせないことが多いのではないでしょうか？　その後少し時間が経って、実際の不正や不祥事に尾ひれがつき、不正確な情報が噂話のようにヒソヒソと語られる、こうした経験をした人は決して少なくないと思います。同じ社内であっても、自部門に不利にはたらくことは、なるべく他部門に知られたくないという、〝内(ウチ)〟と〝外(ソト)〟を使いわける心理。日本人独特の恥の文化ともいえる行動パターンが改善に向けた活動を妨げています。

考えてみれば、とても勿体ない話です。不正が起き、損害を伴う苦い経験を味わうことがあるかもしれません。しかしそれは見方を変えれば、会社にとって学びのための絶好のチャンスでもあります。将来の改善に向けた宝の山ともいえましょう。そこには二度と同じことを起こさないために学ぶべき教訓や気づきが豊富に存在しているにちがいありません。不正により被った実害は、将来に向けての高い授業料だったと考え、積極的に改善に向けたチャンスを活かすべきだと思います。

2．酸っぱいレモンを共有する

「人生のなかでレモンを与えられたら、それをレモネードに変える努力をしなさい」

こういう格言があるのをみなさんは知っていますか？　有名なデール・カーネギーの

著書「道は開ける」のなかにも登場しますが、その著書の一部に次のようなくだりがあります。
「…けれども、賢い人はレモンを手にして自問する。『この不運からどんな教訓を学ぶべきだろう？　どうしたら周囲の状況がよくなるであろう？　どうすればこのレモンをレモネードに変えられるだろうか？』」（引用：D・カーネギー「道は開ける」創元社より）

酸っぱいレモンは、時として人生に与えられる苦い経験や苦労を示し、甘いレモネードは苦い経験や苦労からより良い生き方を学びとり、将来を変える努力をすることを承徴しています。この格言に従うならば、不正という苦い経験の中にある教訓を学び取り、これを将来にこそ活かし、甘いレモネードに変える努力を心がける必要があることになります。

不正という一見して酸っぱいレモンに見えるものの中に、宝の山の価値を見出し、甘いレモネードに変える姿勢を持つ。そのためには、まず酸っぱいレモン自体を社内で共有することから始めなければなりません。いってみれば転ばぬ先の杖ではなく、転んだ後の杖ということになります。転んだ後の反省に基づき、再発防止策を練り上げることで、次の転ばぬ先の杖に活かしたいと考えることです。たとえ不正が起きたとしても、決して無力感にとらわれたり、途方にくれたりしないで下さい。そして、決して大切な社員にそれを隠さないでください。

われわれが生きている高度に発達した時代では、転ばぬ先の杖だけでなく、転んだ後も立ち上がり、歩き出すために支えとなる杖が必要です。良いことばかりでなく、悪しきことも包み隠すことなく、社内に伝達し、皆で共有する仕組みを持つ会社があるとすれば、その会社の度量や器は、社員にとって、誇らしく、非常に大きく映ることでしょう。きっと身近な顧客だけでなく周囲から、社会から大きな評価を受けるにちがいありません。

マイナスの資産をプラスに転ずる

転ばぬ先の杖をすり抜けた不正や不祥事、内部監査や外部からの専門家による監査で指摘された問題点など、一見してマイナスに映るこうした事態を将来のプラスに転じてゆくためには、具体的に何をしたらよいのでしょうか。それは、次の二つです。

○　第一に社内全体で事態を共有すること

○　第二にその事態から将来に向けた教訓を学習し、次に活かすこと

1．社内全体で事態を共有すること

不正や不祥事が起き、社内で動揺が広がっている時こそ、会社の経営者や経営層には勇気が必要です。事実を包み隠さず、社員に向けて真摯に伝え、不正に対する処分

は、きっぱりと決断しましょう。くれぐれも、「不正を起こしたといっても今回がはじめてのことだから」、「売上の獲得に熱意を持つあまりのことで無理もない」、「架空売上といってもその金額はわずかだから」等々、もっともらしい屁理屈を並べ立て、不正に目をつぶるのはやめましょう。そんな中途半端なことをすれば、かえって社員に優柔不断を見透かされ、いずれまた同じことが起きることでしょう。いや、それ以上のことが起きたとしてもなんら不思議ではありません、そして実際にそれ以上のことが起きています。

規模が比較的小さい会社であれば、朝礼や昼礼の時に経営者から社員に直接、その事実を伝えます。比較的大きい会社で、社内にイントラネットなどが整備されていれば、緊急の社長のメッセージとして社員全員に伝えます。イントラネットがなければ、メール配信、社内の掲示板を活用してもよいと思います。大企業であれば、テレビ会議、イントラネット上の掲示板、メール配信で社内に一斉に伝達します。

伝える内容は、発生した不正や不祥事の事実と顛末、会社としての処分、再発防止策の提示と実行への強い決意です。不正事実を社内に公表して、今後の対策をきちんとと説明すると、社員の持つ不安感を解消するだけでなく、安心感すらもたらします。こうした姿勢がマイナスの資産をプラスに転ずる基礎となります。にもかかわらず、ひたすら隠そうとすることは、不信感を増幅させるだけではなく、失望感から社員の心が会社から離反することすらあり得ます。隠すことは有害無益なのです。悪意ある噂が社内に蔓延するところを想像してみてください。

不正や不祥事に限らず、内部監査や外部の監査人から指摘された問題についても、同じようにイントラネットや社内掲示板、メール配信などによって社内に周知し、事実を共有することが、マイナスの資産をプラスに転ずる基礎を形づくります。

2．将来に向けた教訓の学習

将来に向けた教訓の学習の場として、社員研修の場を活用します。定期的な社内研修の場があれば、不正、不祥事あるいは監査指摘の問題点を事例形式にまとめて紹介し、研修の課題として活用します。もしなければ、是非経理部門や監査部門などが中心となって、企画を試みてほしいものです。研修では、なぜこうしたことが起きたのか、なぜ防止することができなったか、何が不足していたか、再発を防ぐためにはどうしたらよいかについて、社員に直接問いかけます。発生した事態がどれほどの悪影響を会社や自分たちにもたらしたのか、防止するためになにをすべきか、研修を通じて十分認識をしてもらいます。

こうした研修は、必ずしも即効性を期待できるものではありませんが、不正に対する姿勢を正し、不正の「ツボ」に対する意識を敏感にすることに役立ちます。一過性の試みとせずに、忍耐強く実施してほしいと思います。会社への信頼感や忠誠心が芽生える効果を必ず起こすことができます。研修をどのように企画するかについては、次のテーマの「ヒヤリハットの感性を研ぎ澄ます」の中で具体的な事例研修のサンプルを案内しますので、それを参考に企画してほしいと思います。

3. 不正の経験を共有することは企業の価値を下げる？

不正、不祥事あるいは監査指摘の問題点を社内で共有していると、社員の口伝にその内容が社外に漏れはしないか？　一般に知られるところとなり、会社の信頼やブランド力を傷つける結果となりはしないか？　こうしたことを懸念する経営層が多いのも確かです。

しかし、問題点だけが社外に漏れ出すよりも、積極的に対策、対応を施しているひたむきな努力や姿勢が人づてに伝わるのであれば、それは、会社が評価される材料として、むしろ歓迎すべきことではないでしょうか？

いまから10年以上前になりますが、米国で内部統制制度が初めて実施されました。毎年行われる外部の専門家による監査によって内部統制に不十分な点が見つかり、会計期間内に改善ができなければ、不備として投資家に向けて公表することが義務づけられました。この時、会社の経営層が懸念したことは、会社の不十分な点を不備として公表すると自社の株価が下落し、企業の価値が損なわれるのではないかということでした。しかし、その懸念は的中しませんでした。

企業の存続にかかわる重大な不備は別にするとして、一般的に会社に不備が見つかることは、自然なことであり、会社が解消に向け積極的に取り組む姿勢を投資家がかえって評価する結果となり、株価の下落に直接結びつくことはなかったと言われています。

元来完璧な会社などこの世界に存在するはずもありません。不正、不祥事あるいは監査指摘の問題点の解決や解消を学びのチャンスとしてとらえ、経営層が積極的に改善にコミットしてほしいと思います。

4. マイナスの資産をプラスに転ずる

不正、不祥事あるいは監査により指摘される問題点は、もちろんない方がよいに決まっています。しかしひとたびこうした事態が起きた時は、それらをチャンスとして受け入れ、社内で共有し、学びに変えることが大切です。学びは、経営層はもちろんのこと、社員の意識を変えていきます。日頃の業務の中に潜む不正の「機会」をあぶり出すだけでなく、不正の「ツボ」がどこにあるのかを感じ取る敏感な感性を研ぎ澄ますことにもつながります。マイナスの資産をプラスに転ずる機会は、酸っぱいレモンであるかもしれませんが、それを甘いレモネードに変えることができるかどうかは、ひとえに会社の経営層と社員の双肩にかかっています。

ヒヤリハットの感性を研ぎ澄ます

みなさんは「ハインリッヒの法則」を知っていますか？

労働災害を研究した米国のハインリッヒによれば、1件の大きな事故や災害の裏には、29件の軽微な事故や災害があり、事故にはならない程度のヒヤリとする、あるいはハッとする事象が300件潜んでいるといわれています。このようなヒヤリ、ハッとする事象は一般的に「ヒヤリハット」と呼ばれることがあります。

巨大な白い氷山が海に浮かび、水面から上に見える氷が、1件の大きな事故や災害を表し、それ以外はすべて水面下に隠れて、目にすることはできません。見えないけれど水面下には、29件の軽微な事故や災害と300件のヒヤリ、あるいはハッとする事象が隠れている。こうした象徴的な図を、みなさんはどこかの研修や講義で一度は目にしたこと、聞いたことがあると思います。

ほんのわずかなヒヤリ、あるいはハッとする事象も放置しておけば、大きな事故や災害につながりかねません。こうしたヒヤリハットに敏感に対応できなければ、大きな事故や災害を避けることができないのは、不正や不祥事についても同じことです。不正の「ツボ」に芽生えたヒヤリハットにあたる小さな芽を放置しておけば、それはいつの間にか人の背丈よりも伸びて、私たちに突然襲いかかって来るにちがいありません。

1. ヒヤリハットに対する感性を磨く

ヒヤリハットに対する感性を磨くための一つの方法として、定期的な社内研修が挙げられます。研修制度を持つ会社、研修を専門会社に委託している会社、もともと持たない会社など、会社によって整備の状況は様々かもしれません。しかし制度の有無を問わず、一年間に少なくとも1回は、社員に向けて不正や不祥事に関わる事例研修を行うことを強く薦めたいと思います。対象の事例は、自社のものであることが望ましいと思います。

それは自社の事例であれば身近なために、社員は興味を持って取り組んでくれるからです。もちろん自社内に不正、不祥事あるいは監査によって指摘された問題などがなければ、マスコミ報道や書籍を通じて入手できる他社の事例でもかまいません。事例は、なるべく具体的なケースを採用し、社員向けに質問を複数用意して考えてもらうことが大切です。事例に取り組むことで社員の関心や眼が自社の業務に向かい、不正の発生しやすい「ツボ」をより敏感に感じとれるようになることが研修の目的です。

2. 事例研修を企画する

すでに社内研修制度があれば、社内の課題や問題点に関する事例研修を加えてほしいと思います。研修制度のない会社であれば、手作りで社員への教育の機会を作り出す試みをしてほしいと思います。具体的な事例を通じて考える機会を持つと、社員の不正の「ツボ」に関する感性は飛躍的に研ぎ澄まされます。

私が以前に社内講師として行っていた事例研修の一部を書き換えて、紹介しますので、参考にしてほしいと思います。事例は必ずしも起きた事実を忠実に、全て伝える必要は全くありません。論点を絞り、なるべく複雑なものは避けます。内容はシンプルで、社員に特殊な知識を求めず、だれにでも考えやすくアレンジを加えましょう。

＜事例研修サンプル＞

※解答例はＰ１９０に記載

この課題は先日の内部監査での指摘や過去に起きた当社での不正事故を参考に、研修用の課題として作成していることを留意してください。

Ａ社では原材料を取引先に発注(注文)する時、購買部門のＢが担当をしています。取引先から納品があった時の検収(注文をした時の規格、数量や品質を確認して受け入れること)は、同じ購買部門でも別の担当者Ｃが分担して、実施することを原則にしています。

ただし例外的に納品の金額が一定以下の時には、検収の効率を上げるために発注と検収を同一の担当者Ｂが行うことにしています。

担当者Ｃは、検収が終わると取引先が持参した納品書に日付と自分のサインをして、受け取ったことを明らかにしています。サインをした納品書の控えは購買部門で保管することになっていますが、実際には徹底できず、紛失も起きていました。一方取引先は、サインのある納品書と請求書を併せて、後日A社の経理部門に請求をしています。

ある日経理部門の担当者は、取引先のD社から納品書が添付された請求書を受け取りました。しかしよく見ると納品書に検収を示す担当者Cのサインはありません。経理部門の担当者は、Cのことだからきっと納品の時に記載を忘れたのだろうと推測をしました。また取引先のD社とは取引が長く、お馴染みであったために、そのまま支払手続きを進めてしまいました。

しかしその後、D社から納期が過ぎても納品がないため、発注をした担当者のBは、電話で問い合わせましたが、連絡がとれません。そして後日、D社の倒産を知りました。

【設問1】

Ａ社では、納品の金額が一定以下の時には、検収の効率を上げるために発注と検収を同一の担当者が行うことにしています。こうしたことは業務上効率的と考えますか？　それとも問題があると思いますか？　問題がある場合は、その理由と改善策を考えなさい。

【設問2】

担当者Ｃは、検収が終わると取引先が持参した納品書に日付と自分のサインをして、納品物を受け取ったことを明らかにしています。この方法に問題はありませんか？問題がある場合は、その理由と改善策を考えなさい。

【設問3】

経理部門担当者がとった対応に問題点はありませんか? もしあればすべて挙げなさい。そしてどのような対応をとるべきであったのか検討しなさい。

3. 事例研修の進め方と収穫

事例研修に自社で起きた問題を取り上げると、身近なために社員は熱意をもって取り組みます。次の要領で進めると、これまで気づかなかった思わぬ不正の「ツボ」が見つかったり、新たな問題提起や解決策が見つかったり、議論にも熱が入るにちがいありません。こうして不正の「ツボ」に対する感性を磨いてほしいと思います。

〈事例研修の進め方について〉

① 講師は監査部門や経理部門の担当者など事例に詳しい社員が担当します。もちろん社外の会計士や税理士に依頼をしてもよいと思います。

② 参加者は5〜7名くらいのグループに分けて事例を検討します。メンバー構成は特定の部門に偏らないように配慮してください。検討が特定の切り口に偏らず、いろいろな目線から議論が展開することを期待するためです。

③ 事例は講師が詳細を説明した後、設問ごとに時間を区切って各グループが検討をします。各グループは検討した結果をホワイトボードに書き留めるか、別に記録をしておきます。

④ 講師はグループの議論の進み具合に応じて、必要なアドバイスを行います。講師に補助者がいれば、各グループを巡回して検討が円滑に進むようにサポートをします。

⑤ 全て検討が終わった後、各グループは検討結果を全体に向けて発表します。講

師は、グループ間での質疑応答を促します。
⑥ 講師はすべての発表が終わった後、各グループの検討結果についてコメントをします。更に不正の「ツボ」や大切な対策について全て整理して解説をして研修を終えます。
⑦ よりよい事例研修を進めるため、アンケートを設計し提出してもらいましょう。

〈**事例研修によって得られる収穫**〉

事例研修の収穫は、予想以上のものが得られるにちがいありません。私が社内講師を務め、感じ取った効果は次の通りです。事例研修の実施を改めて薦めます。

① 事例からさまざまな法令を学ぶことができ、社員はなにをすべきか、なにをしてはいけないかを具体的に、実務的に学ぶことができます。
② 事例研修を通じて、日頃の業務に思わぬ不正の「ツボ」を見つけることができ

ます。こうした気づきは不正の「機会」を奪う絶好のチャンスであり、不正の芽が育つことを未然に防ぐことに繋がります。

③　特に自社の事例を研修で取り扱うと、社員は自社の業務をより深く理解することができます。

④　自社の事例を研修の材料に用いることは、ある意味勇気の要ることです。しかしそれができる会社は、改善への積極的な姿勢はもちろんのこと、会社として都合の悪いことも隠さないという経営者や幹部の度量の広さや余裕を、社員に対して感じさせる結果になります。これこそ酸っぱいレモンを甘いレモネードに変えるという姿勢に他なりません。

＜事例研修の解答例＞

【設問１　解答例】

① **問題の有無**：問題がある。

② **問題の理由**：金額の大小に関わりなく、発注と検収の両方を同一人が兼務すると次のような不正が起きることが考えられます。

・架空の発注を装ったうえに、実際の納品があったかのように検収を行います。取引先と結託して、支払われた代金を横領できます。

・発注や納品の数量を書き換え、実際との差分を横領することができます。

③ **改善策**：金額の大小に関わりなく、発注と検収の業務は担当者ＢとＣの複数名で分担し、相互に牽制させることが必要です。

【設問２　解答例】

① **問題の有無**：問題がある。

② **問題の理由**：取引先Ｄ社の担当者が検収担当者であるＣのサインを偽装したうえ、納品が完了していないにも関わらず、不当に請求をすることができます。さらに検収担当者であるＣが納品書にサインをすることを忘れることも考えられ、納品をめぐって取引先とトラブルを起こすことが考えられます。

③ **改善策**：次のような改善策を施し、当社として納品を受けたことを明確にしておくことが考えられます。

・検収担当者Ｃは、サインをした納品書の控えと発注書を合わせて、購買部門の上席や上司に報告のうえ、承認を求めます。

・検収担当者Ｃは、サインをした納品書とは別に、検収を記録した検収書を作り、発注書に沿えて、上席や上司の承認を求めます。

【設問3 解答例】

① **問題点**：次のようなことが挙げられます。

・納品の有無を購買部門の担当者Cに確認しなかったこと。

・納品の有無を確認せず、勝手に納品があったものと考え支払手続を進めたこと。

・お馴染みの取引先であることに油断をして、適切な手続を怠ったこと。

② **経理部門担当者がとるべき対応**：納品が確認できない限り、支払をしてはいけないのは、経理担当者が守る鉄則です。購買部門の検収担当者Cに照会をして、まず納品の有無を確かめます。取引先が購買部門の担当者と結託することも考えられるため、お馴染みの取引先であっても油断せず、適切な手続きを踏むべきです。

第六章のポイント

1. 不正や不祥事、そして内部、外部監査で指摘された問題点などマイナスに映る事態を将来のプラスに転ずるには、次のことをする必要があります。

○社内全体でマイナスに映る事態を共有する。

○その事態から将来に向けた教訓を、社内研修で学習し、不正の発生しやすい「ツボ」をより敏感に感じとる力を養う。

2. マイナスの資産をプラスに転ずるのは、酸っぱいレモンのような苦い経験かもしれませんが、それを甘いレモネードに変えられるかどうかは、ひとえに会社の経営層と社員の双肩にかかっています。

＜原則その3＞ 社員を不正から護る仕組みを点検する

〈原則その1〉で作り上げた仕組みが実務上、しっかりとはたらき、大切な社員を不正から護る効果を実際に挙げているかどうか定期的に点検します。

これこそ、みなさんの身近で行われている内部監査や外部から入ってくる会計士や税理士による監査です。不正や誤りを防ぐ仕組みがあるか、仕組みに不足はないか、あるいは仕組み自体が適切にはたらいているかどうかを点検します。

第七章

仕組みの点検者がゆく

仕組みのメンテナンス

1．理想と現実の狭間で

これまで本書の多くの部分を割いて、不正の「機会」を排除する仕組みや大切な社員を護るため、不正の「ツボ」に近づかせない工夫を説いてきました。しかしこれらの仕組みや工夫は、そもそも設計をする者が、「このようにありたい」、「こうあるべき」と考えた意図の表れに留まるものに過ぎません。実際の業務に落とし込み、実務に対応させた時、設計者の意図した通りに動くかどうかは、全く別の話です。

事例の中で見たように、設計者が仕組みに込めた意図が、現場で故意に無視されたり、設計者の認識が甘いばかりに、かえって悪用され、仕組み自体が不正の温床になることすらありました。設計者の意図は本当に素晴らしかった、しかし実際は設計と似ても似つかない悲惨な結果をもたらした。これでは茶番劇どころか悲劇にしか過ぎません。

そこで仕組みや工夫が、設計者の意図した通りに実際の現場ではたらいているかどうか、定期的に点検することが必要になります、それが監査の役目です。

2. 本来の監査の役割

設計者の意図や認識が込められた仕組みや工夫が、現場で意図した通りに動いているかどうかを確かめるために、適用されるルール、伝票や文書を実際に比較、検証し、不明なら担当者に質問をして確認を行うこと。私はこうした手続きを「監査」と呼んでいます。監査にはいろいろな定義が存在しますが、これが私なりの監査に対する向き合い方であり、定義です。監査には、社内で行う内部監査と外部の専門家が行う外部監査がありますが、いずれもその本質は、仕組みや工夫が意図した通りにはたらいていることを確認する定期点検であり、言ってみれば人の定期検診と同じです。

ではみなさんが監査をする立場となり、具体的に次のような場面に出会ったらどのように対応しますか？

インターネットバンキングを使って支払いをする時、たった１人の責任者が、請求書のデータを入力し、同時に支払命令も１台のパソコンで実施しているのを見たら、それを放置しておきますか？

さらに製品を出荷した時に、売上を計上するというルールを持つ会社で、出荷伝票の日付が翌月になっているにも関わらず、当月に請求書が発行されているのに気がついたみなさんは、当月の架空売上を黙認しますか？

今まさに監査の最中に会社に重大な危険が迫っていることが判明しました。二つの不正の「ツボ」が近い将来、会社にどれだけの実害をもたらすことになるのか、もう嫌というほどわかっているみなさんが、これらを黙って見過ごすはずはありません。仕組みの意図に反するインターネットバンキングの使い方を指摘し、ルールに背いて架空売上を計上している誤りを正し、改善の提案を行うのが監査です。

こうして監査を仕組みの定期点検として捉えるならば、監査が一般的に言われる重箱の隅をつつく、あら探しになることは決してありません。意図した通りに、はたらかない仕組みや工夫の原因こそ、会社に重大な危機をもたらす不正の「ツボ」となります。監査の本来の役割とは、こうした不正の「ツボ」を早期に見つけ出すことに他なりません。意図した通りにはたらかない仕組みや工夫の欠点を早期に見つけ出し、是正することこそ定期検診の妙味、監査の醍醐味といえましょう。

もちろん定期点検の過程で、誤りがみつかることがあり、一見してあら探しのように、みなさんの眼に映ることがあるかもしれませんが、監査本来の目的はそこにはありません。

たとえば、設備や機械を定期点検した時に、故障や不具合が見つかるのと同じことです。なぜ故障や不具合が起きたのか、事実を調べて原因分析を行い、次回から故障せずに正常にはたらくように修理するのは、あら探しでもなんでもない、しごく当たり前の行為です。

3．あら探しではなく、提案を

① 監査とあら探しの現状

監査は重箱の隅をつついて、あら探しをすることとは、およそ異なる業務です。それにもかかわらず、監査をする側は必死で不正や誤りを見つけ出すことに終始し、監査を受ける側はなにも指摘を受けないように防戦する。みなさんもこうした攻防戦ともいえる光景に出会った、または経験したことがあると思います。お互いなんという不毛な時間の浪費でしょうか！

私が初めて社会人としてスタートしたところは、病院の医療費計算の部門でした。その頃の医療費の計算は全て手作業によっていたために、医療費の計算明細に誤りがないかどうか定期的な監査がありました。監査委員がそれこそ必死で明細書を検算する場に立ち会ったものです。今になって考えれば、監査委員の最大の関心事は、医療費明細の計算誤りを見つけ出すことであり、誤りを防止する正確で効率的な医療費の請求業務を行うには、いかなる統制をすべきなのかという改善の視点は微塵も感じられませんでした。これでは、監査という名目を隠れ蓑にしたあら探しといわれても仕方がありません。

②　監査と提案

本来の仕組みや工夫の意図が実現されているかどうか点検をすれば、自然に提案すべきことも見えてくるはずです。私の例でいえば、医療費明細の点検を踏まえ、どのようなところで誤りが起こり易く、なぜそれが見過ごされてしまうのか、現状に何が欠けているのか、こうしたことをまず考えます。そのうえで正確な医療費の請求業務を行うためには、どのような統制や改善をすればよいのか具体的な提案を現場に向けてすることです。そして提案を現場が受け入れれば、改善期限をお互いに約束してフォローをすればよいと思います。監査は本来、こうした協働作業の場であるべきだと思います。

監査する側も受ける側も、監査とはなにを目的に行われるものなのかを、よく考え直し、あら探しではなく、本来の監査を目指してほしいと心から願います。

4．監査が持つ牽制の役割

仕組みや工夫の定期点検としてとらえられる監査には、もう一つ大切な機能があります。それは不正を企む悪しき行為を、思い留まらせるはたらきです。不正に対する牽制機能といってもよいと思います。監査を定期的に実施し、不正、不祥事あるいは誤りが見つけられた時、関係者は当然、相応の処分を受けます。不正に厳正に向き合う姿勢は、悪しきことを企む者を牽制し、不正を思い留ませる効果をもたらします。不正をしても見つかるはずがない、隠し通せるに違いないという確信を見事に切り崩します。ただし発覚した不正をうやむやにしたり、厳正な処分を躊躇したりするようでは、不正に対する牽制機能を期待することができないことはいうまでもありません。

5. 内部監査を実施する

会社の規模や方針によって、内部監査をどのように実施するかはさまざまです。また会社の規模によっては、単独の監査部門を常に設けていないところもあると思います。こうした会社で内部監査を実施するとなれば、総務や経理の部門でメンバーを募り臨時の監査チームを組織したり、外部の公認会計士や税理士に内部監査を依頼したりすることもあると思います。

会社内部で行うにせよ、外部の専門家の支援を仰ぐにせよ、内部監査のポイントは社内の仕組みを定期的に検証するための自主的な活動が毎期、定期的に実施されることです。仕組みや工夫が設計通りにはたらいていることが定期的に検証されること、そして不正や誤りがあれば、厳正に対応し、現場を励ます提案を行い、水面下で燻る不正の「動機」を牽制する活動を粘り強く実現してほしいと思います。

妙薬の効き目にも限りあり

1．あらゆる仕組みも万能ではない

万病に効く薬がこの世にないように、不正の「機会」を排除し、不正の「ツボ」に芽生える芽を摘み取る仕組みや工夫も、実は万能薬ではありません。確かにこの妙薬の効き目はとても大きいものがあります、だからこそみなさんに具体的な事例を説明してきたつもりです。

しかしあらゆるものに限界があるように、この仕組みや工夫にもおのずからその限界があります。業務を分担して、お互いを牽制させる。あるいは、権限をひとつの部門だけに独占させず、他の部門にも分散させて牽制効果をもたらす。そもそも、こうした仕組みが適切に成立するためには、業務や権限を分担した担当者や部門が、それぞれ合理的な判断をすること、そして組織の利益のためにはたらくことが前提となります。この前提が崩れることは、仕組みや工夫のはたらき自体を機能不全に陥らせ、時には麻痺させてしまうことを意味します。

2. 仕組みの前提を崩す共謀行為

仕組みや工夫のはたらきを期待する前提が、担当者や部門による合理的な判断や組織全体の利益を求める姿勢だとすれば、この前提を崩す要因となるのが共謀です。

共謀とは、仕組みの上では権限や役割を分担したはずの担当者や部門が、お互いに通じ合い共同で不正を行なうことです。お店のレジ係と現金を管理する管理者は、仕組み上お互いに牽制し合って適切な現金の管理をすることが期待されていますが、二人が共謀を図れば、牽制効果どころか、たちまち現金を詐取する不正行為が可能となってしまいます。

新規の顧客をシステムに登録する時、営業担当者が登録申請書を偽装し、営業部長が新規登録のための承認権限者として共謀すれば、架空の取引先を容易に登録できます。それでは共謀を前にして、不正に対抗すべき仕組みや工夫は全く無力になってしまうのでしょうか？

3．＜原則その1＞だけでは不正に立ち向かえない

共謀に対して、不正に対抗する仕組みや工夫は本当に無力となり、限界を呈してしまうのでしょうか？　確かに＜原則その1＞の中で伝えた仕組みや工夫だけでは、十分共謀に対抗することができないのも事実です。しかし、＜原則その1＞によって不正に対抗できないところは、他の原則が代わってはたらき、限界を補完します。つまり3つの原則が相まってはたらき、それぞれの限界を補完し合うことで不正の襲来に

対抗します。具体的に言えば、次のような補完的な関係を作り上げて不正に対抗しています。

4.〈原則その2〉によって共謀を防ぐ

自社の不正や不祥事を社内で共有し、すべての社員に周知するという会社や経営者の公正な姿勢は、共謀の意思そのものをくじきます。不正が発覚すれば、日頃から一緒に働く上司、同僚はもちろん、全社員が知るところとなることは、共謀を企てる悪しき者たちにとり、相当の心理的プレッシャーとしてはたらくにちがいありません。また日頃から定期的に実施される事例研修は、不正を正当化する身勝手な意識を正し、不正を起こしてはならないという遵法意識、会社への忠誠心を育みます。研修教育が、繰り返し行われることで共謀の意図自体が生まれることを排除する効果をもたらします。

5．〈原則その3〉によって共謀を防ぐ

心理的に共謀することをとどまらせることは、定期的な監査によっても可能です。共謀によって不正を企てる悪しき者に、監査によって発覚するのではないかという不安感を持たせ、発覚すれば厳しい処分が待っているという恐怖感をいだかせます。共謀は、複数の悪しき者がお互い関与するために、単独によるよりもはるかに発覚し易いために、より心理的抑止力が働き、共謀の意思を挫くことになります。

仮に共謀による不正が起きたとしても、監査によって炙り出すことができます。先ほどのレジの例を考えれば、共謀して現金を詐取するには、現金の授受を記録した伝票や帳簿を書き換えなければなりません。書き換えによる不自然な伝票や記録から、事後とはいえ、監査で不正を発見することも可能となります。

6．内部通報制度によって共謀に対抗する

この制度は内部統制の理念を具体化する仕組みの一つであり、世界中の企業で用いられる有名な制度でもあります。たとえば上司から会社に不利益をもたらす業務を命

じられた部下が、会社にその事実を通報する。粉飾経理している上司から口止めされた部下が、会社にその事実を通報する。こうした使い方をして社内に蔓延る不正の芽を摘み取ることが、内部通報制度の役割です。

内部通報制度の下では、単独による不正はもちろんのこと、共謀によって、不正を試みる者たちが、発覚を免れるためには、上司などの管理者の眼を警戒するだけでは足りません。管理者に加えて周囲の同僚の眼にも注意を払わなければなりません。特に複数人による不正行為は、単独による場合よりはるかに周囲の目にとまる頻度が高く、目立ちます。こうして内部通報制度は単独による悪しき者はもちろんのこと、共謀による者たちにとっても、大きな脅威となるにちがいありません。もちろん予防や抑止として有効な手段となるだけでなく、起きてしまった不正を暴くことにも効を奏します。

たとえ、仕組みや工夫それ自体に限界があったとしても、他の原則や他の仕組みによって補完され、本来のはたらきを発揮することができます。こうして3つの原則はそれぞれ単独ではたらくだけでなく、相互に補完し合い、総合的に機能を発揮しています。

内部通報制度と悲しい歴史

1．改めて内部通報制度を語る

消費者庁の「平成28年度民間事業者における内部通報制度の実態調査報告書」によれば、内部通報制度を導入している事業者は、「導入している」46・3％、「検討している」13・2％、導入済と導入予定を合わせると、約3500社の会社のうち59・5％、約6割の企業が内部通報制度を評価していることになります。

図表７　内部通報制度の導入の有無（単一回答）／全体、従業員数別

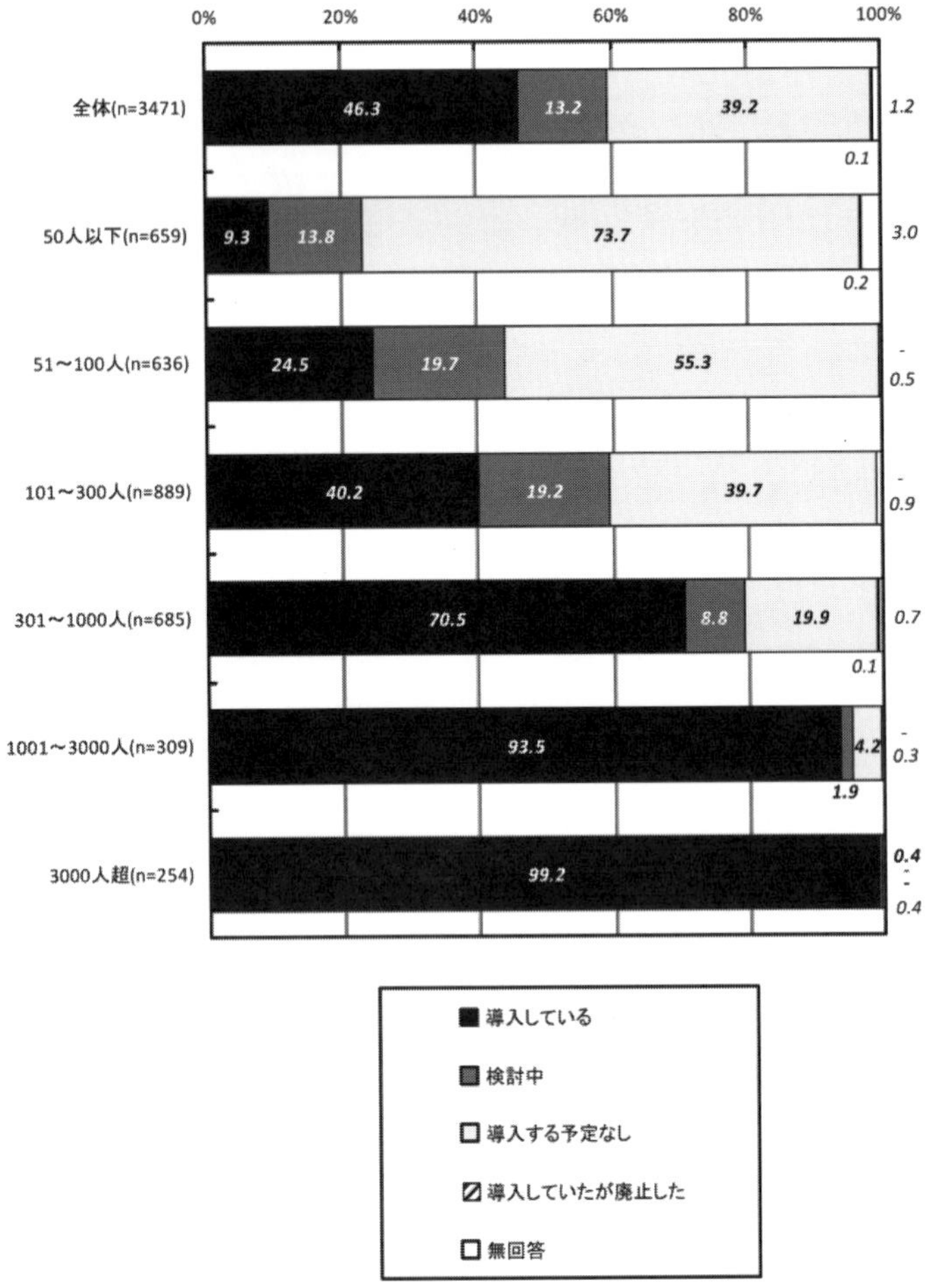

出典：平成28年度　民間事業者における内部通報制度の

実体調査報告書（消費者庁）

2. 内部通報制度の特徴について

国内の企業に一定の評価を得ているこの制度ですが、実務上の大切なポイントは次の通りです。これからの導入を検討する会社は是非参考にしてほしいと思います。

①　通報者の範囲

通報者は、まず社員(常勤、非常勤)ではありますが、会社によって社員の家族、外部の取引先をも広く対象に含めて、制度の効果をより高めようと努めている企業もあります。不正を企てる悪しき者にとっては、周囲に監視の眼が増えたことになります。

②　匿名か顕名か

通報は匿名か顕名か、制度の導入当初は顕名とする会社が多かった印象を持ちます。つまり、通報内容を会社が調査し、通報内容が事実であれば、改善を施した結果を通報者に報告する必要があるからです。通報者に対して報告によるフィードバックがなければ、通報者はきっと通報をしなくなるでしょう。せっかく通報をしても改善が施されないのならば通報の意味がないからです。

顕名による通報を求めるならば、改善の報告こそが制度の信頼と実績を担保するアキレス腱となりますので、通報者へ報告することを徹底してほしいと思います。

最近は、制度を利用する時に、心理的に感ずる敷居を下げ、利用率を向上させるために、匿名による利用を認める企業も増えてきました。社内専用のサイトから通報ができ、技術的に誰が通報したのかわからないようにもできます。匿名による通報の時は、改善の結果を個別に受け取ることはできません。

③ 通報窓口

通報者が社内の窓口に通報する時、一定の心理的プレッシャーが伴います。また会社の窓口とはいえ信頼性について一抹の不安がつきまといます。こうした点から通報窓口は複数とし、会社の窓口に加えて、弁護士事務所にも通報窓口を設定する会社があります。最近、弁護士事務所も国際化しており、海外現地に事務所を持ち、安価で現地言語による通報を受付ける事務所もあります。国際化して海外各所に拠点を持つ企業にとっては朗報です。

④　通報に対する会社の対応

通報の内容は、その性格を考えれば当然のことですが、慎重にも慎重に取り扱われ、通報者は保護される必要があります。他に漏れるようでは、制度の運用はおぼつきません。さらに、もし通報内容が会社の経営方針等と異なっていた時、会社はどのような対応をとるべきでしょうか。会社の通報窓口が通報内容を他部門に意図的に漏らしたうえ、通報者に対して報復措置を行ったことで、最高裁まで争われた事案が実際にあります。報復措置は、制度そのものの存立基盤を脅かします。

通報内容の秘匿性が守られないようでは、誰も通報制度を信頼せず、利用されることはありません。水面下でうごめく不正の芽を早期に摘み取るためには、制度の正しい運用をしなければなりません。会社による通報者への報復措置などは制度の趣旨からすれば全くの論外で、本来の目的を理解して、活用しなければなりません。

⑤　偽りの通報

通報内容が偽りである場合、通報者を保護する必要は一切ありません。むしろ処罰の対象とすべきです。たとえば同僚、部下、上司を意図的に陥れる悪意に基づく通報などは、すでに通報とは言えず、名誉棄損です。こうした偽りの通報を防止するために、処罰はもちろんのこと、いかなる偽りの通報があったのか、社内に事例として公開し、再発の防止を図ることも考えられます。

⑥　内部通報制度の実効性を高める2つの要素

内部通報制度を導入したにも関わらず、実際に使われない、利用実績がないという話が多く聞かれます。制度の実効性を高める工夫の一つとしてリニエンシー(Leniency(慈悲))制度が挙げられます。この制度は、自らも法令違反をした従業員が、自発的に内部通報をすることで、不正の芽の早期発見や解決に協力した時、その者に対する懲戒処分等を減免するという制度です。

そもそも違法行為に手を染めた従業員をなぜ減免できるのか、株主に対する利益相反ではないかといった議論がありますが、不正の徴候を早期に把握して手当するには、内部通報制度の下で、一定の効果があり、むしろ減免の対象と範囲を限定することで、導入を促進すべき制度であると考えます。

更に２０１８年６月には、日本版の司法取引制度ともいわれる合意制度が始まっています。粉飾など企業犯罪についても適用され、合意制度を用いて企業の不正を明らかにした本人が仮に粉飾に関わる罪に加担していたとしても、捜査機関に会社の犯罪の解明に協力を申し出ることで、刑事訴追などの処分を減免してもらうことができるという制度です。内部通報制度による調査に基づき、合意制度の活用に踏み切る展開も想定されるために、今後は企業不正のあぶり出しに大きな効果をもたらすことが期待できます。

３．ところ変われば制度は違法？

こうして内部通報制度は、当然導入を進めるべき制度であるかのように映りますが、ところ変われば、不評な制度として扱われます。ずいぶん以前のことになりますが、フランスで内部通報制度を日系企業に当たり前のように導入しようと試み、とん挫をしたことがありました。

通報制度は見方を変えれば、密告制度を彷彿させます。第二次世界大戦中、パリはドイツ軍に攻められ、あっけなく陥落しました。しかしその後、侵略に抵抗をするためにレジスタンスは地下組織として、ドイツ軍に根強い抵抗を試みました。これにすっかり手を焼いたナチスは、フランス国内で密告制度を奨励、徹底してレジスタンスを根絶やしにしようとしました。密告制度は同胞を侵略者に売るような濫用の例も目立ち、摘発による拷問は苛烈を極めたとも言われています。こうした悲しい歴史的背景に加え、個人情報の保護にかかる法令による規制があることから、フランスの国内法に従えば、内部通報制度の運用には、次の通りかなりの制約が伴います。

- 制度を導入しても強制力はなく、通報するかどうかは良心に委ねられること。
- 通報できる内容は会社の金融、会計、銀行分野に関する内容や収賄行為に関わる違法行為に限られること。

・通報は顕名に限られ、通報があった時、会社は被通報者(通報の対象となった者)に通報があった旨を伝えなければならない等。

内部通報制度に限らず、一般的に制度というものは、その国の市民の価値観の結晶であり、ある国では重宝と評価されたとしても、国が変われば、当然その評価は変わります。内部通報制度が持つ歴史的背景、その国に住む国民の意識や文化を十分理解したうえで、制度の導入を進めなければ、たとえ導入したとしても、根づくとは限りません。いや、それどころか企業として人権侵害や違法性を問われてしまうことさえあります。海外に拠点を構え、事業を展開する企業は、内部通報制度に限らず、それぞれの制度が持つ歴史的背景や文化、法律制度や国民の意識に十分留意したうえで、制度の導入を進めなければ、思わぬことで足元をすくわれることになりかねません。私の苦い経験を踏まえても、十分留意してほしいと思います。

第七章のポイント

1. 設計者の意図や認識に基づく仕組みや工夫が、現場で意図した通りに動いているかどうかを確かめるために、ルール、伝票や文書を実際に比較、検証し、不明なら担当者に質問をして確認を行う手続きを監査とよんでいます。

2. 監査は現場に有益なアドバイスを行います。そして定期的に繰り返すことで、不正に手を染めようとする悪しき者に対する牽制としてはたらきます。

3. 不正に対抗する3原則のうち、たとえ1つに限界があっても、他の原則や仕組みによって補完され、本来のはたらきを発揮します。相互に補完し合い、総合的に機能を発揮し、不正の「ツボ」に芽吹くあやしい芽と常に闘います。

4. 内部通報制度は、従業員に対し法令、会社規則そして倫理に反する行為を社内で見つけた時には、会社の窓口に通報をするよう奨励する仕組みです。不正を企てる悪しき者にとっては、監視の眼が増えたことになります。

おわりに

ここまで小著にお付き合い下さいました読者の皆様に、心から感謝を申し上げます。本書は、10年以上に及ぶ内部監査や内部統制の個人的な経験が基礎となっていますが、ご紹介した事例は、必ずしもすべてが実際に起きたことを忠実に書き記したものではありません。むしろ、実際に起きたことや自身の経験から学んだこと、そして間接に見聞した内容をモザイクのように組み立てて表現したものと言った方が適切です。実際に起きたことを事実として忠実に伝えるよりも、みなさんに何を汲み取ってほしいのか、どこに焦点をあててほしいのか、どのように考えるべきなのか、書き手としての人為的な試行錯誤を優先させた結果、こうした表現方法を採ったと考えてほしいと思います。個人のささやかな試みではありますが、本書が企業不正に立ち向かう多くの方々にとり、少しでも糧となれば幸いです。

最後に、日頃から示唆に富むアドバイスを惜しまず、常に暖かく見守って下さる株式会社日立製作所　財務統括本部財務部長　和田耕治氏に、様々な現場を通じて深い学びの機会を下さった特定医療法人社団清和会　奥州病院理事　岡野康伸氏（元日立工機株式会社（現工機ホールディングス株式会社）監査室監査室長）に、ならびに出版にあたり貴重なご助言を頂いたアメージング出版の千葉氏はじめ皆様に、心からの感謝を申し上げます。

二〇一八年　盛夏　　打田昌行

参考文献

▼「2018年度版　職業上の不正と濫用に関する国民への報告書」公認不正検査士協会
▼「平成28年度民間事業者における内部通報制度の実態調査報告書」消費者庁
▼「Pew Research Centre, Spring Pew Global Attitudes Survey, 2014」ピュー研究所
▼「道は開ける」デール・カーネギー著

＜著者略歴＞

打田　昌行（うちだ・まさゆき）

米国公認会計士(ワシントン州登録)・公認内部監査人。経営コンサルティングファーム、大手 IT 上場企業を経て、株式会社日立製作所傘下の株式会社日立マネジメントパートナーにて内部統制の構築に従事。10 年以上に渡り、世界 30 ケ国以上に展開する数多くの海外拠点で内部統制制度を構築した。豊富な実務経験による身近な実例を使い、内部統制制度はもちろん、社員を不正から護るための身近な方法を誰にでもわかり易く提案している。

優良企業の経営者は知っている！
不正と闘うための身近な３原則

2019 年 1 月 25 日　初版発行

著者　打田昌行
編集協力　嶋谷梨沙
発行者　千葉慎也
発行所　アメージング出版（合同会社 AmazingAdventure）
(東京本社)　〒103-0027　東京都中央区日本橋 3-2-14
新槇町ビル別館第一 2 階
(発行所)〒512-8046 三重県四日市市あかつき台 1-2-108
電話　050-3575-2199
E-mail info@amazing-adventure.net
発売元　星雲社
〒112-0005 東京都文京区水道 1-3-30
電話　03-3868-3275
印刷・製本　協友印刷

ISBN 978-4-434-25555-7　C0095